RAPPORT

SUR

LA SITUATION

DE

L'INDUSTRIE DES TISSUS DE COTON BLANCS

A L'EXPOSITION UNIVERSELLE DE 1855,

Présenté à la Chambre de Commerce de Saint-Quentin :

PAR

Monsieur CHARLES PICARD,

PRÉSIDENT DE CETTE CHAMBRE,

MEMBRE DE LA DIX-NEUVIÈME CLASSE DU JURY INTERNATIONAL,

ANCIEN PRÉSIDENT DU TRIBUNAL DE COMMERCE

DE SAINT-QUENTIN

ET MEMBRE DES CONSEILS GÉNÉRAUX DES MANUFACTURES

ET DU DÉPARTEMENT DE L'AISNE.

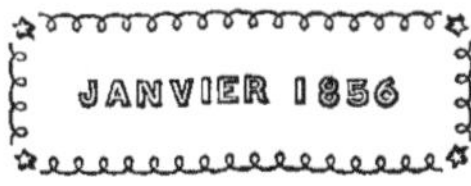

SAINT-QUENTIN.

Typographie d'Ad. MOUREAU, Lithographe, Grand'Place, N°. 7.

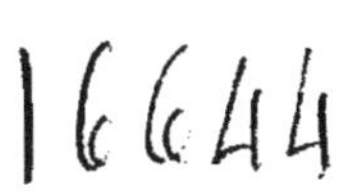

RAPPORT

SUR LA SITUATION DE L'INDUSTRIE

DES TISSUS DE COTON BLANCS

A L'EXPOSITION UNIVERSELLE DE 1855.

⸺⬥⬥⬥⸺

Messieurs,

J'ai eu l'honneur de faire partie du Jury international, à l'Exposition universelle de 1855.

La Commission Impériale, en choisissant le Président de la Chambre de Commerce de Saint-Quentin pour être l'un des jurés titulaires appelés à se prononcer sur les supériorités des différents produits de l'industrie du coton, avait sans doute voulu prouver qu'elle tenait à ce que les principaux districts manufacturiers de la France, intéressés au concours pacifique auquel le Gouvernement de l'Empereur avait convié toutes les nations du monde, fussent représentés dans ce grand Jury.

C'est donc en ma double qualité de Président de la Chambre de Commerce de Saint-Quentin et de Membre du Jury international que je crois de mon devoir de présenter, dans un rapport succint et sommaire, la situation actuelle de l'Industrie des tissus de coton blancs chez les principales nations qui ont envoyé leurs produits à l'Exposition universelle de 1855.

En faisant connaître ces renseignements à la Chambre, je n'ai, Messieurs, d'autre but, je n'ai d'autre désir que de servir encore les intérêts, qui me seront toujours chers, des travailleurs et des manufacturiers français.

J'appuierai mes observations des échantillons coupés aux pièces mêmes des tissus exposés, échantillons qui m'ont été fournis par plusieurs des représentants des nations étrangères, et je me fonderai sur les documents qui ont été mis à la disposition de la 19ᵉ classe du Jury international.

Les Expositions universelles sont un des moyens les plus efficaces, sans doute, de contribuer aux progrès de l'industrie, en ouvrant un Concours entre toutes les manufactures du monde et en mettant en regard leurs produits.

L'Exposition de 1855, qui vient de clore ses portes, a été magnifique. De toutes les parties du globe, les étrangers sont venus admirer les beautés ; mais, en dehors du brillant étalage de tout ce que le génie de l'Industrie peut produire de plus parfait, les Expositions renferment un autre but, un autre enseignement, une grande instruction, c'est de pouvoir offrir une source féconde de comparaisons positives des prix et des qualités de la production de chaque nation, qui permettront aux Gouvernements de se rendre un compte exact de l'état réel de ces mêmes industries.

Je ne vais pas, Messieurs, chercher à établir devant vous des comparaisons minutieuses entre chacun des tissus blancs de coton de tel ou tel peuple, je tiens seulement à vous indiquer les plus importantes, avec des pièces à l'appui, et à vous apporter le tribut consciencieux des études d'un membre du Jury international qui, au point de vue des intérêts français, a cherché avec impartialité à se rendre compte du véritable état de l'industrie du coton parmi les différentes nations dont les produits figuraient au concours.

Je ne discuterai pas non plus les questions qui pourraient en quoi que ce soit se rattacher à la législation protectrice accordée au travail national. La France industrielle peut s'en rapporter à la sagesse du Gouvernement de l'Empereur et rester convaincue qu'il ne sera pas proposé par lui de mesures contraires aux intérêts de ses nombreux ouvriers; mais si ce débat pouvait un jour être soulevé, les documents que je vais avoir l'honneur de mettre sous vos yeux seraient des pièces de conviction qui serviraient à en éclairer la discussion.

Tenant à circonscrire les bornes de ce rapport dans l'appréciation des prix et des qualités des principaux tissus de coton qui ont figuré dans le Palais de l'Exposition, je ne puiserai dans l'histoire de cette industrie et de l'importance de sa production en France, que les seuls renseignements qui me seront utiles pour développer ma pensée.

Il importe, cependant, d'expliquer en quelques mots les causes de l'état d'avancement de chaque peuple et particulièrement de la France, dans l'industrie du coton.

Cette industrie, la Chambre le sait, prit naissance dans l'Inde.

En 1252, les étoffes de coton étaient déjà un article servant de vêtements en Crimée et en Russie, où on les appelait des Turkistan.

L'Arménie avait aussi à cette époque une manufacture de tissus de coton, et cette laine végétale croissait abondamment en Perse et y était fabriquée dans toutes les provinces qui bordent l'Indus.

Il est étonnant, toutefois, que le peuple Chinois soit resté sans manufactures de coton jusqu'à la fin du 13e. siècle, lorsque cette industrie florissait depuis 3,000 ans dans l'Inde, pays voisin de la Chine.

L'époque précise de l'introduction de l'industrie cotonnière en Angleterre n'est pas très-connue. Suivant un rapport fort remarquable de l'honorable vice-Président de la 19e. classe du Jury international, M. Mimerel, auquel je ne puis mieux faire que d'emprunter de nombreux renseignements, la première balle de coton, après des essais faits par les Maures, en Espagne, en Italie et dans les Pays-Bas, aux XIVe. et XVe. siècles, arriva en Angleterre en 1569.

En 1641, la ville de Manchester se trouvait en possession de la fabrication du coton, et, en 1678, il y avait des filatures et des tissages qui consommaient déjà 900,000 kilogrammes de coton; mais, depuis, l'extension à laquelle a été poussée, dans la Grande-Bretagne, la fabrication des produits dont le coton forme la matière première, et le mouvement rapide de l'intelligence vers cette production, sont sans contredit le phénomène le plus extraordinaire qu'ait jamais offert l'histoire de l'industrie.

Les traces de la fabrication des tissus de coton en France ne remontent pas au-delà des dernières années du XVIIe. siècle.

Ce n'est qu'en 1787 que l'on y rencontre, dit-on, des documents précis sur l'importation des cotons en laine destinés à la consommation.

En 1790, il se fabriquait en France 4 millions de kilogrammes de coton. A cette même époque, l'Angleterre en manufacturait déjà 12 millions.

Si je suis entré dans ces détails, qui sont parfaitement connus, c'est que je tenais, Messieurs, à constater la position particulière de l'Angleterre dans la manutention du coton, et à démontrer pourquoi il y aurait injustice à demander en ce moment à la France la supériorité et le bas prix des produits anglais. — Je continue :

Vers la fin de 1813, grâce au grand génie de l'Empereur Napoléon Ier, que l'on peut considérer comme le fondateur de l'industrie du coton en France, et à qui la ville de Saint-Quentin doit une partie de sa prospérité, nos filatures, se servant des moyens mécaniques, en travaillaient un peu plus de 8 millions de kilogrammes.

En 1817, on consommait en France 12 millions de kilogrammes de coton, et, à la même époque, en Angleterre, on en fabriquait 45 millions de kilogrammes.

Ainsi, Messieurs, on peut déjà constater que si la France avait triplé sa production depuis 1790, l'Angleterre avait quadruplé la sienne.

Sur le relevé de 80 millions de kilogrammes de coton arrivés en Europe en 1817,

L'Angleterre figure pour	45 millions.
La France, pour	12 —
Et les autres nations, pour	23 —
TOTAL.	80 millions.

La différence que je viens de signaler en faveur de l'Angleterre, se reproduisit pendant les années suivantes.

Ainsi, en 1820, elle fabriquait 68 millions de kilogrammes de coton, et la France seulement 20 millions.

En 1834, l'enquête à laquelle plusieurs des membres de cette Chambre ont pris part, a constaté que 34 millions de kilogrammes de coton étaient alors manufacturés dans nos établissements, et que ces 34 millions représentaient une valeur d'environ 600 millions de francs.

Dans la même·année, l'industrie anglaise avait mis en œuvre 125 millions de kilogrammes, et elle en exportait 72 millions.

Je ne veux pas prolonger ces citations, qui prouveraient jusqu'à l'évidence que l'Angleterre a toujours été en position de conserver sur les autres nations une suprématie incontestable dans l'industrie du coton, et je me hâte de les terminer en vous disant, Messieurs, qu'en 1850, la consommation du coton en millions de kilogrammes était pour l'Angleterre de 277, et seulement de 64 pour la France. J'ajouterai que l'industrie du coton est aujourd'hui la plus considé-rable de celles qu'exploite la Grande-Bretagne. Sa production, qui était, il y a peu d'années, de 1,300 millions, est en ce moment beaucoup plus importante encore ; je l'ai entendu évaluer à un mil-liard 600 millions.

Si, préalablement à l'examen auquel je me propose de me livrer, je suis entré dans ces détails, c'est, je le répète, parce que je tenais à bien constater que, si pour les prix et les manutentions qui parachèvent les tissus, ceux de l'Angleterre ont été jugés préférables à ceux de la France, il est à remarquer que le Royaume-Uni non-seulement a une avance sur notre pays de plus d'un siècle dans la fabrication du coton, mais encore possède tous les éléments de production économi-que qu'il doit à la nature de son sol, de ce sol si fertile pour son indus-trie qui lui donne les fers, le charbon et les transports à bon marché.

Les nations dont les produits figuraient à l'Exposition universelle de 1855, dans la 19e classe, c'est-à-dire dans l'industrie des cotons, étaient l'Angleterre, les Etats-Unis d'Amérique, l'Autriche, la Belgique, les Pays-Bas, le Grand-Duché de Bade, la Monarchie Danoise, l'Espagne, la Grèce, les Indes, la République Mexicaine, la Prusse, les Etats Sardes, la Suisse, la Saxe, le Grand-Duché de Toscane, le Wurtem-berg, le Portugal, la Suède, la Norwège et la France.

Je suivrai cet ordre pour vous rendre compte de l'examen que j'ai fait, avec plusieurs de mes honorables Collègues, de la production cotonnière de ces différentes nations et je terminerai en vous exprimant mon opinion sur la situation des tissus de coton en France.

ANGLETERRE.

Je viens d'avoir l'honneur de vous entretenir de l'importance de la fabrication du coton en Angleterre. Si, comme on l'affirme, cette grande industrie occupe chez les nations représentées à l'Exposition universelle 3 millions d'ouvriers et produit annuellement de 3 milliards 500 millions à 4 milliards de marchandises, le Royaume-Uni peut, à juste titre, revendiquer la grande part qui lui revient dans cette évaluation.

L'Angleterre n'avait que 38 exposants dans la 19e classe, qui comprenait depuis le coton brut préparé ou filé, les tissus de coton purs, unis, façonnés, fabriqués avec des fils blancs ou de couleur ; les tissus imprimés ou mélangés de matières, jusqu'aux produits les plus légers, les plus fins et les plus merveilleux qui puissent s'obtenir avec le coton. Mais parmi ces exposans figurait, sous la simple indication de District de Manchester et Salford, la réunion de ce que le coton peut produire de plus varié et de plus remarquable sous le double rapport de la qualité et du prix des tissus.

Les nombreux fabricants de ce grand centre industriel (ils étaient 60 environ) abandonnant toute espèce de rivalité entr'eux, s'étaient réunis pour former ce brillant et remarquable quartier du Palais de l'Industrie qui renfermait leurs magnifiques produits exposés, comme je viens d'avoir l'honneur de le dire, sous le nom générique de District de Manchester et Salford.

Les tissus qui figuraient à cette exhibition étaient aussi nombreux que variés. Permettez-moi de vous citer les principaux pour vous mettre à même d'apprécier l'importance de ce colosse de l'industrie cotonnière.

1°. Des Ouates de coton ; des fils de coton simples ou retors et doublés pour le tissage, la bonneterie, la dentelle, la broderie et la couture.

2°. Des Calicots écrus et blancs avec ou sans apprêt, des Calicots pour linge de corps et de literie, Toiles-coton pour la teinture et l'impression, Madapolams, Croisés, Coutils, Toiles à sacs et sacs faits au métier, Castors et peaux de taupe.

3°. Des Tissus pour jupes et doublures ; Damas, Piqués pour gilets, Couvertures et Courte-pointe piquées, Basins, Brillantés et autres tissus façonnés pour vêtemens, meubles et literie.

4°. Futaines, Finettes et autres tissus tirés à poil.

5°. Des Toiles à matelas, toiles de ménage de coton et de lin, Tissus pour gilets de coton et soie, Robes de coton, laine, lin et soie mélangés, Peluches de soie et coton.

6°. Des Jaconas, Cambrics, Nansouks, Mousselines, Tarlatanes, Mousselines rayées et brochées, Percales, Satins, Damas et tissus teints.

7°. Et enfin, des Nankins, Mouchoirs de cou et de poche, Tapis de table, Linge de table, Serviettes de bain, etc.

Je n'avais pas l'honneur de faire partie des subdivisions de la 19e. classe qui devaient plus particulièrement s'occuper du coton brut et de la filature, des gros tissus et des tissus teints. Ce que j'aurai à dire sur ces produits sera fort court, tandis que pour les tissus unis, brochés, fins et légers j'entrerai dans des détails qui devront justifier le but de ce rapport qui est de faire connaître, en appuyant mes observations d'échantillons de tissus étrangers, la véritable situation présente de l'industrie des tissus de coton blancs, en France.

Les honorables et savants membres du Jury qui se sont spécialement occupés de la matière première et de la filature du coton, ont
été très-satisfaits de la belle qualité des cotons en laine qui provenaient de notre colonie Africaine.

En France comme en Angleterre, en Allemagne comme en Suisse,
on commence à s'occuper sérieusement de l'avenir de l'alimentation
future de cette matière première. — On s'inquiète avec raison de voir
une industrie si importante reposer éventuellement sur le produit des
récoltes plus ou moins bonnes du coton aux Etats-Unis d'Amérique,
qui fournissent seuls une grande partie des 700 ou 800 millions de kilogrammes qui sont nécessaires pour satisfaire aux besoins du monde
entier. — Qu'arriverait-il, en effet, Messieurs, si une mauvaise récolte, si l'abolition de l'esclavage dans l'Amérique du Sud ou toute autre cause venaient réduire dans une proportion sérieuse la quantité
de coton en laine indispensable à l'approvisionnement de toutes les
filatures que ce précieux végétal alimente?

Cette grave préoccupation de tous les industriels en coton est aussi
celle du Gouvernement de l'Empereur qui, depuis plusieurs années,
cherche, par tous les moyens qui sont en son pouvoir, à acclimater
dans une plus grande proportion la culture du coton en Algérie.

Si, comme on l'assure, la récolte de 1855 dépasse 400,000 kilogrammes, il y a lieu d'espérer que nos possessions Africaines vien-
dront apporter leur contingent à l'approvisionnement du marché français, et il est à désirer surtout que le Gouvernement et les planteurs
cherchent à augmenter cet appoint.

Les nombreuses expositions de cotons filés ont été généralement
fort belles.

Après avoir admiré la collection des produits de MM. Holdsworth
et Cⁱᵉ, de Manchester, du n°. 200 à 600 métriques, nos Collègues de

la 19ᵉ. classe nous ont fait remarquer une espèce de tour de force
qui a été opéré par ces habiles filateurs. MM. Holdsworth ont poussé
leurs essais jusqu'à exposer quelques mètres de coton filé n°. 2000
anglais. C'est un essai qui méritait d'être cité.

En voici un second : Le Président de la 19ᵉ. classe, l'honorable
M. T. Bazley, nous a montré un coupon de mousseline tissé à Dacca
(Indes-Orientales), avec des cotons de ses plantations d'Australie filés
au n°. 500 anglais, dans ses manufactures de Manchester. Cette mousseline était fort belle et d'une transparence remarquable qui lui don-
nait le cachet d'une magnifique mousseline des Indes.

Les membres du Jury international de la 19ᵉ. classe qui étaient
chargés plus particulièrement de l'examen des tissus de cotons forts,
étaient MM. Ernest Seillières , Lucy-Sédillot, de la France, et J. Koller, de la Suisse.

Je dois à l'extrême obligeance de M. Ernest Seillières, mon honorable Collègue et ami , la copie du travail très-intéressant auquel il
s'est livré, et qui résume de la manière la plus concluante la situation
économique des tissus forts Anglais et Américains , comparativement
à ceux de la France.

M. Ernest Seillières a fait couper des échantillons des produits
étrangers sur les pièces de leurs expositions. — Il a fait décomposer
ces échantillons, sous sa direction, par ses chefs d'ateliers, pour obtenir leurs prix de revient au plus bas, en supposant la marchandise
similaire exécutée sans le moindre bénéfice en France.

Le tableau le plus exact et le plus complet de renseignements pratiques a été par suite établi, et leurs prix ont été consciencieusement
comparés avec ceux déclarés par le Comité de Manchester. M. Ernest
Seillières a bien voulu me remettre , en outre, à l'appui de son inté-

ressant tableau comparatif, les échantillons numérotés de chacune des sortes de tissus décomposés.

Ce tableau, accompagné des échantillons que je joins à ce travail, viendra corroborer encore les documents que j'ai considéré comme un devoir de vous faire connaître. — Je regrette seulement que la diversité des prix des façons à l'ouvrier, des matières employées dans l'immense variété des tissus unis et fins; que les mille sortes de produits qui composent cette partie de l'industrie du coton, ne m'aient pas permis de me livrer aux mêmes détails de comparaison pratique que mon Collègue, M. Seillières. — Toutefois, les échantillons de Manchester et de Glasgow qui seront placés sous vos yeux, vous mettront à même, Messieurs, de reconnaître de la manière la plus positive que la différence de prix qui existe entre les tissus forts de la France et ceux de l'Angleterre se rencontre à peu près dans les mêmes proportions pour les tissus unis, légers et fins.

J'arrive maintenant à la partie de ce rapport qui va vous entretenir des tissus étrangers plus particulièrement similaires avec ceux du district de Saint-Quentin.

J'ai eu l'honneur de vous dire, Messieurs, que le grand centre industriel de Manchester (Angleterre) renfermait à peu près tout ce que le coton peut produire de plus remarquable. Je dois, pour être vrai, sans parler de Nottingham, ajouter que, pour les Mousselines organdies unies, lancées et brochées, en blanc et en couleur, la ville de Glasgow (Ecosse) présentait aussi des tissus très-remarquables pour leurs bas prix et leur qualité. — N'ayant pas cru devoir prélever à toutes les pièces de tissus exposés, un échantillon, j'ai, avec le compte-fils, cherché à procéder, aussi exactement que possible, à l'appréciation des principaux produits qu'il importait à la subdivision du Jury à laquelle j'appartenais, d'examiner. — J'ai rempli cette mission conjointement avec plusieurs de mes honorables Collègues de la 19e classe, et plus particulièrement avec M. Jeanrenaud, de la Suisse, qui a apporté dans notre travail le tribut de ses nombreuses connaissances pratiques et de son consciencieux jugement.

Je prendrai 4 ou 5 exemples dans chaque article et je citerai, sans observations, la nature du tissu, sa largeur exacte, car les Anglais varient à l'infini leurs largeurs, et le prix tel qu'il nous a été certifié. Je dirai, une fois pour toutes, que les matières employées dans chaque nature de tissus étaient belles et régulières et que les blancs et les apprêts ne laissaient rien à désirer. Je puis au besoin présenter, à l'appui des citations auxquelles je vais me livrer, la plupart des échantillons coupés aux pièces qui ont été examinées par le Jury international.

Après les Calicots, les Croisés, les Toiles de coton, les Anglais ont, en tissus unis, leurs Cambrics qui sont ce que l'on appelle en France les Percales apprêtées. — Dans tous ces produits qui rentrent dans la catégorie des tissus forts, ils excellent par les bas prix, la régularité, la bonne fabrication et les apprêts.

Après ces tissus viennent les Jaconets ou Jaconats. En 90 centimètres de largeur, les fabricants de Manchester commencent leur série par une qualité bien tissée et bien apprêtée qui présente, au quart de pouce français ou 7 $^{m}/_{m}$ carrés, 11 fils en chaîne et 14 fils en trame. Ce tissu est très-gros et clair, il est vrai, mais il a 90 centimètres de largeur et il se vend. . . . . 15 c. le mètre.

En 98 centimètres de largeur, une sorte de 20 fils en chaîne, à . . . . 34 c.

En 95 centimètres de largeur, une sorte avec 24 fils en chaîne, à . . . . 49 c.

En 98 centimètres, une sorte avec 34 fils en chaîne et 39 fils en trame, à. . . . . 1 fr. 19 c.

Enfin, en la même largeur, une sorte de 40 fils en chaîne, à. . . . . 1 fr. 48 c.

Après les Jaconets ou Jaconats, le genre de tissu qui arrive avec son dégré d'épaisseur est le Nainsooks ou Nausouck.

Les Nainsooks, en Angleterre, ont ou 91 centimètres ou un mètre de largeur. Les 24 fils en chaîne et 26 fils en trame, s'y vendent, en un mètre de largeur, au prix de . . . . 47 c.

Les 26 fils en chaîne et 28 fils en trame, également larges d'un mètre . . . . 67 c.

Les 28 fils en chaîne et 31 fils en trame, en la même largeur 88 c.

En 90 centimètres de largeur et en qualités supérieures encore de coton :

Les 34 fils chaîne se vendent. . . . . . . , . . 1 fr. 12 c.

Les 38 fils chaîne . . . . 1 fr. 57 c.

Les 46 fils chaîne . . . . 2 fr. 25 c.

Ces tissus atteignent incontestablement la perfection du beau.

Le tissu appelé Victoria Lawns ou Batistes d'Ecosse se fabrique en plusieurs largeurs ; il est remarquable par son apprêt qui donne au coton une apparence de fil.

Voici les prix et largeurs des pièces particulièrement examinées :

Les 18 fils chaîne et 20 fils, trame toujours comptés avec le quart de pouce, se vendent en 1 mètre 2 centimètres de largeur. . . 33 c.

Les 21 fils en chaîne et 24 fils en trame, largeur 1 mètre 05 centimètres . . . . 43 c.

Les 26 fils en chaîne, larges de 98 centimètres. . . . . . 57 c.

Les 28 fils en chaîne, de 1 mètre 05 cent. . . . . . . 88 c.

Les 41 fils en chaîne, même largeur . . . . 1 fr. 77 c.

Les English-Books sont les tissus connus en France sous la dénomination de Mousselines Organdies d'Ecosse.

Les fabricants de Glasgow disputent à ceux de Manchester leur supériorité en cet article qui est produit dans des conditions d'un excessif bon marché par les deux districts de l'Angleterre et de l'Ecosse.

La largeur de ce tissu est de 94 centimètres.

Les 16 fils se vendent à Manchester . . . . 36 c.

Les 18 fils . . . . 54 c.

Les 20 fils . . . . 65 c.

Les 24 fils . . . . 89 c.

Les 28 fils . . . . 1 fr. 22 c.

Les 42 fils . . . . 1 fr. 85 c.

Sur certains de ces prix, les fabricants de Glasgow présentent un avantage de 5 à 6 p. %.

Leurs tissus sont même un peu plus clairs que ceux de Manchester.

Les English-Mulls ou Mousselines claires, apprêt souple, se fabriquent également à Glasgow et à Manchester.

A Manchester, leur largeur est de 91 centimètres. Les cotons les plus parfaits sont employés à produire ce tissu. Voici les prix auxquels ces English-Mulls se vendent, avec leur nombre de fils en chaîne :

Les 22 fils . . . . 80 c.

Les 24 fils . . . . 94 c.

Les 27 fils . . . . 1 fr. 11 c.

Les 34 fils . . . . 1 fr. 47 c.

Les 44 fils . . . . 1 fr. 94 c.

J'eus pu prolonger ces citations de prix et de finesse, mais celles-ci suffiront, je n'en doute pas, pour fixer l'opinion des hommes compétents sur le degré de supériorité des tissus unis, légers, fabriqués en Angleterre.

Les produits à bon marché, d'une consommation générale et qui conviennent à l'exportation, sont ceux dans lesquels cette nation excelle encore plus particulièrement. Ainsi, le district de Manchester a présenté à l'Exposition universelle des Calicots d'une qualité passable, parfaitement apprêtés, de 80 centimètres de largeur, à 17 centimes le mètre ; d'autres plus fins, en 91 centimètres de largeur, à 34 cent. et des Jaconats brillantés, d'une excellente fabrication, aux prix de 28, 30 et 34 centimes le mètre, en 80 et 91 centimètres de largeur, qui dépassent par la qualité du tissu et la réussite des dispositions toutes les prévisions du bas prix.

Si l'on voulait faire ressortir tout ce qu'il y a de vraiment remarquable dans l'exhibition de Manchester, il faudrait s'arrêter sur la perfection et l'excessif bon marché de chacun de ses nombreux produits.

Ses Piqués et ses Reps pour gilets ont une grande supériorité, et sa nouvelle fabrication de jupons présente déjà des merveilles incroyables. Les personnes qui ont visité l'Exposition peuvent se rappeler avoir vu l'un de ses fabricants exposer un jupon ayant 88 centimètres de largeur sur 2 mètres 20 centimètres de longueur, offert au prix de 65 centimes le jupon.

Depuis longtemps le monde commercial connaissait la réputation immense de l'Angleterre pour sa fabrication du coton, mais il faut avoir examiné sérieusement ses produits de toute nature, ses Percales satinées, ses Basins, ses Tissus façonnés, brochés, cottelés, ses Linges de table, de toilette et de lit, pour bien se rendre compte de la supériorité qu'ont, à peu d'exceptions près, les marchandises de cette nation sur celles des autres contrées du monde.

Je n'avais, en ce qui me concernait, à examiner ni les Étoffes pour pantalons, ni les Velours de coton, mais j'ai été tellement émerveillé des prix très-bas de leurs tissus en ces genres , que j'ai fait prélever à ces pièces quelques échantillons que je livrerai très-volontiers à l'appréciation de tous les fabricants qui s'occupent en France de ces articles. Cet examen ne serait pas non plus sans intérêt pour quiconque voudrait connaître exactement la situation générale de cette industrie.

Les deux grands districts de Manchester et de Glasgow produisent , en outre des tissus blancs , des quantités considérables d'étoffes de coton teintes et imprimées et beaucoup d'autres articles de leurs manufactures , dont j'aurai occasion de vous dire quelques mots ; mais, pour ne pas donner une trop grande proportion à ce rapport, je dois quant à présent restreindre les renseignements que j'ai l'honneur de vous présenter, aux tissus de coton blancs et légers.

Je vous entretiendrai brièvement de l'exhibition de la fabrique de Glasgow.

Glasgow, pour l'Angleterre , est le Tarare , le Rouen de la France , avec quelques tissus de Saint-Quentin.

Cette riche ville de l'Ecosse, outre ses English–Mulls , ses English–Bocks et ses Mol-Mol, qui sont des sortes de mousselines plus ou moins serrées et d'un apprêt différent, livre à la vente , dans des conditions excessivement avantageuses par la douceur de leurs prix, de nombreuses variétés de tissus brochés en coton blanc et de couleur. Ainsi, en ce moment, il s'y fabrique de grandes quantités de mouselines et de gazes brochées pour meubles, des rideaux et des stores avec bordures similaires à ce qui, depuis longtemps , se fait en ce genre à Saint-Quentin. Je dois même dire que si, pour les prix de cet article, les produits de Glasgow l'emportent sur ceux de Saint-Quentin, pour le goût des dessins et la nouveauté de ses différents genres , la France est supérieure à l'Angleterre.

Il n'en est pas de même pour les cravates mousseline et pour les organdis lancés et brochés qui y sont fabriqués dans des conditions de prix qui doivent étonner.

Ainsi, en Mousselines lancées et brochées en coton blanc et couleur, les fabricants de Glasgow livrent à la vente :

1°. Une série de dessins variés en Tissus 18 fils, au quart de pouce carré en chaîne et 14 fils en trame, 95 centimètres de largeur, à . . . . 40 cent. le mètre.

2°. Une autre série avec des brochés de deux couleurs, en tissu très-bien fait, ayant 21 fils en chaîne et 17 en trame, d'une largeur de 75 centimètres, à . . . . 40 cent. le mètre.

3°. Une autre de 75 à 80 centimètres de largeur, avec de grandes fleurs brochées en laine de couleur, fond de mousseline, en belle qualité, à . . . . 60 cent. le mètre.

4°. Et enfin une série de mousselines-organdis pour robes, de différentes couleurs, avec dessins variés, de 75 à 80 centimètres de largeur, à . . . . 75 et 80 cent. le mètre.

Il n'est aucune fabrique qui puisse, jusqu'à présent, présenter ces mêmes articles dans de pareilles conditions de prix et de qualité.

Les manufacturiers Anglais, toujours à la recherche des nouvelles machines, aidés par la nature de leur sol, favorisés par de grands capitaux et par l'écoulement de leurs exportations huit à dix fois plus considérables que celles des autres nations de l'Europe, possédant en outre cette patience d'investigations, cette entente d'économie industrielle qui consiste à savoir produire juste ce qui convient à la grande consommation ; les manufacturiers Anglais, dis-je, marchent chaque jour à de nouveaux et incessants progrès. Il ne sera pas facile aux autres nations de les atteindre.....

ÉTATS-UNIS D'AMÉRIQUE.

Les Etats-Unis d'Amérique n'étaient représentés à l'exhibition universelle, dans la 19ᵉ classe, que par les seuls produits de MM. Merrian-Brerver et Cⁱᵉ, à Boston. (Massachusetts).

Le Jury a regretté de n'avoir pas eu à examiner une collection plus nombreuse de leurs produits, et l'admirable fabrication des pièces qui lui ont été présentées est venue encore augmenter ses regrets.

La fabrication des tissus de coton doit remonter en Amérique à une époque assez reculée, puisqu'il a été écrit que : « Colomb, en y dé- « barquant, remarqua qu'une partie de ses habitants étaient habillés « avec des vêtements en coton. » Seulement, les manufacturiers Américains ne s'occupent encore particulièrement que de fabriquer des tissus très-forts dont ils exportent une partie en Chine , dans l'Inde et dans l'Amérique du Sud. Les Etats-Unis , sur la quantité considérable des cotons en laine qu'ils récoltent, en réservent pour leur consommation particulière de 110 à 120 millions de kilogrammes qui alimentent leurs fabriques.

L'avenir le plus grand est réservé aux tissus de coton en Amérique, et les pièces de toiles de coton et de calicots croisés envoyées par MM. Merrian-Brerver et Cⁱᵉ, du prix de 38 centimes pour un mètre, d'une qualité très-forte et excellente de toile de coton en 90 centimètres de largeur, et celui de 42 centimes également pour un mètre de tissu croisé parfaitement réussi, large de 68 centimètres, indiquent de la manière la plus positive tout ce que pourront faire un jour les Américains, avec la possession de la matière première et leur navigation à bon marché, quand ils voudront sérieusement s'occuper de fabriquer non-seulement les tissus forts en coton, mais encore les tissus légers.

Les tissus croisés et unis de l'Amérique et les molletons imprimés de la Prusse, dont je vais avoir bientôt l'honneur de vous entretenir, sont, à mes yeux, une exposition de deux produits très-remarquables et exceptionnels par leurs prix et leurs qualités.

AUTRICHE.

L'Empire d'Autriche était représenté au Palais de l'Industrie, à la 19ᵉ classe, par 39 exposants; mais, parmi ceux-ci, trois ou quatre seulement fabriquent des tissus de coton blancs, légers et façonnés.

Un plus grand nombre y avaient exposé des fils de coton simples et doubles, des Tissus de couleurs, laine et coton, et une assez belle collection de Jaconats et Mousselines imprimés. Deux d'entr'eux, MM. Richter et fils, à Necdergrund, et MM. Lang et fils, à St-Geogenthal, y avaient envoyé de la Bohême des Velours de coton.

Si je cite ces deux fabricants, c'est que leurs velours méritaient une mention toute particulière. Ils les livrent à la vente, si l'on s'en rapporte aux prix donnés par l'un de leurs représentants, de 2 fr. 25 à 2 fr. 50 c. le mètre. Ces velours de toutes nuances étaient d'une qualité parfaite; comparés même à ceux des autres nations, ils doivent peu en redouter la concurrence, et ils indiquent que l'Empire d'Autriche sera appelé un jour à occuper dans l'industrie des étoffes un rang très-remarquable.

Il n'en est pas encore de même pour les tissus blancs. Les Mousselines en toutes qualités, unies, rayées et brochées; les Batistes d'Ecosse; les Tissus à carreaux et brillantés; les Piqués; les Mousselines imitation de broderies et brochées pour meubles; les Gazes; les Devants de chemises plissés mécaniquement, et les autres produits analogues exposés par les fabricants de Vienne, laissent quant à présent un peu à désirer, sous le double rapport de la filature du coton et du tissage.

Leurs produits et leurs dessins ressemblent beaucoup à ceux de l'Angleterre, de la Suisse et de la France, mais ils sont loin encore d'en atteindre et la perfection et les prix. — Ils les vendent à la pièce, dont la contenance varie suivant la spécialité du tissu. Pour les qualités fortes, ils réussissent mieux que pour les légères, et cela tient, en partie probablement, à l'irrégularité des cotons filés qu'ils emploient. Cependant, il est convenable d'ajouter que l'ensemble de l'exposition des produits Autrichiens révélait de grandes espérances pour l'avenir des fabriques de ce pays.

Ses principaux manufacturiers qui sont venus visiter les richesses de l'industrie seront à même de profiter des nouvelles découvertes de l'art mécanique dans la construction des métiers à filer et à tisser, et, convaincus, comme ils doivent l'être, que les 15 ou 1,600,000 broches de coton qu'ils possèdent sont insuffisantes pour alimenter leur marché de 36 millions de consommateurs, ils apporteront bientôt, sans aucun doute, à l'établissement du nombre de leurs usines, une augmentation sensible et les améliorations que celles-ci peuvent encore réclamer.

BELGIQUE.

Les tissus de coton blancs, légers et fins, étaient en bien petit nombre à l'Exposition de 1855.

Cependant la Belgique reçoit chaque année 10 ou 12 millions de kilogrammes de coton qui sont filés par 4 ou 500,000 broches.

La 19e. classe y comptait 38 Exposants, mais les fils de coton simples et retors, les Cotonnettes, les Molletons, les Étoffes pour pantalons et pour matelas, les Siamoises, les Pluches de coton et les Tissus mélangés étaient les articles qui y avaient été préférablement envoyés par les fabricants belges.

Il y avait peu de produits de la catégorie dont l'examen m'avait été plus particulièrement attribué.

Les Piqués et les Entre-deux pour la lingerie, les Jupons piqués, des Mousselines imitation de plumetis, quelques essais de Jaconats et de Batistes d'Ecosse, des Étoffes pour corsets et pantalons, des Broderies et des Tissus façonnés, formaient l'ensemble des principaux articles en cotons légers exposés par la Belgique qui, il est juste de le mentionner, produit plus avantageusement et en bien plus grande quantité des tissus forts, calicots, madapolams et toiles de coton.

Le royaume de Belgique, dans lequel le salaire des ouvriers est peu élevé, qui a la houille et le fer à bon marché, qui a son réseau de canaux et de chemins de fer presque achevé, se trouve dans des conditions trop favorables pour ne pas prendre bientôt dans l'industrie du coton le rang qu'il lui est réservé d'occuper.

PAYS-BAS.

Les cinq exposants de Tissus de coton dans le Royaume des Pays-Bas n'avaient présenté au Palais de l'Industrie que des Cotonnades, des tissus de coton mélangé avec le lin et quelques pièces de Calicots blancs et imprimés.

La manutention du coton dans le Royaume des Pays-Bas doit être peu importante, si l'on en juge par les produits envoyés par cette nation à l'Exposition.

GRAND - DUCHÉ DE BADE.

Le Grand-Duché de Bade avait fait parvenir seulement à l'Exposition les produits de quatre fabricants de Lahr, de Constance et d'Ettlingen.

Ces produits, qui n'étaient pas sans mérite, se composaient de Piqués pour gilets, de Mouchoirs de poche et de cou, et de Velours de coton.

Le glorieux et pacifique débat qui vient de se terminer, en éclairant les industriels de toutes les nations qui y ont pris part, leur fournira sans doute des moyens nouveaux pour améliorer leurs usines et leurs produits. — Ce sera un des grands avantages de l'exhibition universelle, dont toutes les nations du globe pourront profiter.

MONARCHIE DANOISE.

Ce que je viens d'avoir l'honneur de dire pour le Grand-Duché de Bade s'applique en tous points à la monarchie Danoise. N'ayant encore dans ses Etats que peu de fabricants, cette monarchie ne s'était fait représenter à la 19e. classe que par trois industriels exposant de gros tissus de coton faits à la mécanique, des Mousselines et Indiennes imprimées et des Châles de coton.

ESPAGNE.

L'industrie du coton se développe lentement en Espagne. Ses filatures y sont peu nombreuses; elles font tourner au plus 800,000 broches, pour manutentionner 10 à 11 millions de kilogrammes de matières premières. — C'est peu pour une population de 15 millions d'habitants d'une contrée où la chaleur du climat rend plus importante et plus nécessaire la consommation des objets en coton.

L'Espagne, pour les manufactures de coton, c'est Barcelonne. — En effet, les 24 fabricants de tissus blancs, imprimés et mélangés, dont les produits avaient été envoyés au Palais de l'Industrie, étaient de Barcelonne.

Les tissus qui y figuraient étaient similaires, quant aux genres, de ceux de l'Angleterre et de la France. C'étaient des Indiennes, des Mouchoirs de cou, des Calicots, des Mousselines unies à carreaux et brochées, mais ils étaient bien loin de valoir, pour les qualités et les prix, les produits Anglais et Français.

L'industrie du coton est encore dans l'enfance en Espagne.

J'ai eu l'occasion d'en faire l'observation à l'un de MM. les représentants de l'Espagne à l'Exposition, qui attribuait, quant à lui, l'infériorité des produits de sa nation, à la nature même de ses producteurs, à l'influence de son climat, aux difficultés que l'on y rencontre pour habituer ses ouvriers à la vie laborieuse et uniforme des ateliers. — Toutefois, il espérait que l'importance de la consommation toujours croissante en Espagne forcerait ses manufacturiers de coton à améliorer et à augmenter leur production.

ROYAUME DE GRÈCE. — RÉPUBLIQUE MEXICAINE.

Le royaume de Grèce n'avait envoyé à la 19e. classe que quelques fils de coton de Patras, et de Lamie des Toiles de coton pour chemises, des Essuie-mains et des Croisés-coton pour habillement.

La République Mexicaine y avait quelques fils et Tissus de coton, des Calicots, Nappes et Serviettes en coton et une très-belle pièce de Mousseline claire.

Les produits de ces deux Etats ne peuvent être considérés, néanmoins, que comme essais. — Ils promettaient pour l'avenir ce que leur présent ne donne pas encore.

INDES.

Les merveilleux tissus de coton mélangés de soie et d'or envoyés par la Compagnie des Indes appartenaient à plusieurs classes. La 19e a dû mentionner dans son rapport ses éloges pour le goût particulier, la patience d'exécution qui se faisaient remarquer dans l'assemblage des matières employées dans les produits orientaux. Ce ne sont pas seulement les conceptions du présent qui nous arrivent de l'Inde, c'est encore l'originalité du passé.

4

PRUSSE.

La Prusse n'avait pas envoyé à l'Exposition universelle des tissus de coton blancs et légers, mais ses produits en laine, en lin et en soie, y étaient nombreux et remarquables.

Les seuls articles de coton envoyés à Paris par les fabricans prussiens et qui rentraient dans l'examen de la 19ᵉ classe du Jury international, étaient des Fils de coton, des Cotons à marquer teints en rouge, des Indiennes et Calicots pour l'ameublement, des Siamoises, des Peluches et des Flanelles de coton ou Kalmouck, imitation de peau de tigre.

C'est sur ce dernier article, dont j'ai eu plusieurs fois l'honneur de vous entretenir, que je tiens à appeler votre attention, car si vous en examinez les échantillons, ils vous prouveront, Messieurs, de quelles ressources extraordinaires de production peut disposer, quand elle le voudra, une nation où les salaires et la vie ordinaire sont aussi bon marché qu'en Prusse.

Plusieurs de mes Collègues du Jury remarquèrent, au milieu de l'Exposition prussienne, un tissu très-fort, fait avec de très-gros cotons, large de 60 à 65 centimètres, épais comme l'une de nos meilleures qualités de molleton, imprimés en dessins assez extraordinaires pour le goût et les couleurs, mais excellent de qualité et de confection, article pouvant servir à faire des vêtements chauds, avec le prix affiché de 40 à 70 centimes le mètre. Ils ne purent d'abord croire à la vérité de cette annonce et furent un instant disposés à ne pas s'arrêter à une production dont le prix devait probablement recéler une erreur blâmable. Il fut même question, je crois, si cela n'a pas été fait, de constater, par le poids du tissu, l'irrégularité de la déclaration. Toutefois, l'observation en fut faite à qui de droit. M. le délégué de la Prusse chargé de représenter à Paris les fabricants à qui appartenaient ces étoffes extraordinaires, averti officieusement des doutes de MM. les Membres du Jury, s'empressa de les lever en faisant venir de Gladbach (Prusse-Rhénane), les livres, prix-courants et autres pièces justificatives constatant régulièrement « que MM. Croon frères et MM. Wolff et Schlafhorst, de Gladbach, livraient véritablement depuis plusieurs années au commerce, des flanelles de coton imitant les peaux de tigre, similaires des pièces exposées par ces manufacturiers, aux prix de 40 à 70 centimes le mètre.

Ce tissu, aux yeux du jury de la 19ᵉ classe, a été jugé comme l'une des productions les plus extraordinaires de l'Exposition de 1855. Aussi a-t-il été récompensé exceptionnellement.

ETATS SARDES.

Quelques pièces de Calicots, de Madapolams et de Toiles imprimées de la manufacture d'Annecy-et-Pont, des Tulles de coton unis de St-Pierre d'Albigny et des Tissus mélangés d'un fabricant de Gênes étaient les seuls produits envoyés à Paris par les Etats Sardes. Mais l'Exposition est destinée à généraliser les méthodes et à faire connaitre les améliorations apportées par les autres peuples. Les fruits de l'Exposition universelle ne seront pas perdus pour les manufacturiers de la Sardaigne; ils voudront, – et les tissus qu'ils ont déjà exposés prouvent que cela leur sera possible, – développer dans leur pays les progrès de leurs industries. On peut ajouter que l'industrie manufacturière en Italie a beaucoup à gagner.

SUISSE.

La Suisse à laquelle nous arrivons dans ce rapport occupe l'un des premiers rangs dans l'industrie du coton en Europe. Elle ne consomme cependant encore que **12 à 13** millions de kilogrammes de cotons en laine qui sont transformés en fils par environ un million de broches. Mais la perfection de ses tissus fins, les prix auxquels elle les livre à la consommation assignent de plus en plus à cette nation la position distinguée qu'elle a su conquérir depuis longtemps et conserver à l'Exposition de 1855.

La République Helvétique doit la prospérité de ses fabriques au bon marché de ses denrées alimentaires, à la sobriété de ses habitants et par conséquent à l'excessive modicité des salaires de ses ouvriers; elle la doit aussi à ses nombreuses chûtes d'eau qui remplacent économiquement le combustible dans ses usines et au bas prix de l'intérêt des capitaux dont peuvent se servir ses manufacturiers.

L'industrie du coton en Suisse était représentée au Palais de l'Industrie par les produits de 39 de ses fabricants.

Les cantons de Saint-Gall, d'Appenzel, de Zurich, de Turgovie, de Glaris, d'Argovie et de Berne, y avaient envoyé ce qu'ils pouvaient offrir de plus remarquable en Cotons filés, Calicots, Percales, Nansoucks, Mousselines unies et brochées, Mousselines brodées en tous genres; Tissus de couleur pour robes, pour pantalons et ameublement, pour cravates, châles, et enfin tous les produits que, sous les formes différentes, d'intelligents industriels savent tirer du coton.

Les Mousselines, les Rideaux pour ameublement, toutes les Broderies, exposés par la Suisse, étaient remarquables par la perfection, par l'exécution de leur travail, par les difficultés vaincues et par le choix et le bon goût de leurs dessins. Il eût été difficile en effet de voir des rideaux et des stores brodés sur tulles et mousselines plus riches en dessins, mieux réussis et, j'ajouterai, plus appréciés par les visiteurs du Palais de l'Industrie que ceux qui figuraient à l'Exposition de la Suisse.

La plupart de ces grandes dispositions de rideaux, avec des tableaux et des personnages, ne rentraient pas, il est vrai, dans les genres simples et légers préférés par les consommateurs français, mais il ne fallait pas oublier que la Suisse, exportant les deux tiers des marchandises qu'elle fabrique, devait, avant tout, rechercher le goût des acheteurs auxquels elle les vend ou espère les vendre.

Les belles broderies de cette nation devaient paraître, aux yeux du plus grand nombre des visiteurs, la partie la plus remarquable de l'Exposition Suisse. Permettez-moi, Messieurs, d'appeler votre attention sur d'autres genres de ses tissus moins vantés, moins examinés peut-être, mais qui n'étaient pas réellement moins remarquables et dignes de fixer l'attention de tous les hommes compétents qui s'intéressent à la véritable situation de l'industrie du coton.

En Calicots, Percales, Madapolams, Coutils, Tissus imprimés pour robes et pantalons, Tissus mélangés, Guingams, Printannières, Mouchoirs et autres, la Suisse fabrique bien, très-solidement et à bon marché.

Bien que ses manufacturiers n'emploient encore que peu de métiers mécaniques, les salaires de leurs ouvriers tissant à la main sont si peu payés que leurs produits peuvent lutter avec succès pour certains prix avec ceux de l'Angleterre. — Ils conservent leur supériorité pour ce bon genre de tissu de coton clair qui, sans être ni aussi léger ni aussi transparent que la Tarlatanne, est accepté par la consommation comme la sorte de mousseline la plus généralement préférée.

Leurs Cravates mousselines, leurs Nansoucks, leurs Jaconats sont fort bien fabriqués, mais les produits Suisses sont supérieurs à tous pour les mousselines façon plumetis brochées et rayées, pour la lingerie, qui sont faites sur des fonds organdis.

Ils livrent à très-bon marché aussi leurs mousselines lancées, brochées pour stores et rideaux ; mais cette fabrication, dans son ensemble, est inférieure à celle de Saint-Quentin.

Une maison considérable de la Suisse avait dans son exposition un châle en mousseline avec des dessins gracieux tissés en doubles maillons, large et long de 1 mètre 60 centimètres, qui était remarquable par sa parfaite exécution et la finesse du tissu de ce nouvel article. — Il y avait encore dans plusieurs vitrines de cette nation de jolies écharpes en mousselines organdis brochées avec de la soie, et enfin des robes également en mousselines, à carreaux, rayées et brochées, couleurs, fort gracieuses et de bon goût, qui se vendent au prix modique de 12 à 14 fr. la robe.

La Suisse, pour les tissus de coton fins, est la grande rivale de l'Angleterre et de la France. — La concurrence d'une nation qui doit les avantages de sa production à la grande intelligence de ses manufacturiers, à la nature de son sol, à la sobriété, au travail opiniâtre et économique de ses habitants, sera toujours pour l'industrie de la France une rivalité dangereuse dont il doit importer à ses industriels d'étudier la marche et de suivre les progrès.

SAXE.

Les tissus en coton exposés par la Saxe Royale ont droit à une mention toute particulière.

En rendant aux produits fabriqués à Plauen la justice qu'ils méritent, c'est-à-dire en reconnaissant, tout d'abord, la parfaite qualité, la régularité de leurs Mousselines, de leurs Nansouks et de leurs Batistes d'Ecosse, en examinant avec le plus grand intérêt la variété de leurs charmantes dispositions en rideaux brochés pour l'ameublement, en voyant enfin la belle collection de leurs tissus variés et de leurs remarquables broderies, on est appelé naturellement à s'étonner de la position secondaire que l'industrie du coton en Allemagne occupait généralement au Palais de l'Industrie, et à regretter cette espèce d'infériorité. — Mais je ne crois pas trop présumer de l'avenir, Messieurs, en vous disant que la Saxe vient de vous montrer un bel échantillon de ce que pourra faire un jour l'Allemagne.

Les rideaux et les stores qui sont fabriqués à Plauen peuvent être comparés à ceux du district de Saint-Quentin pour la qualité et leur sont supérieurs par leurs bas prix. — Les dessins en sont simples et gracieux. Les effets du gros coton formant le broché sont bien compris. — Les fonds du tissu sont très-variés et d'une incontestable réussite. — J'ai remarqué avec la plus grande attention un choix parfait de rideaux avec des bordures festonnées, en dispositions très-heureuses, exécutés avec succès en broché ordinaire ou en doubles maillons, soit sur des fonds en mousselines, en gazes unies, en gazes 2 fils, soit en imitation guipure et en genre filoche, du prix de 11 à 18 fr. les deux rideaux, larges de 1 mètre 4 centimètres et longs ensemble de 7 mètres 4 centimètres.

La Saxe avait également exposé des qualités bien moindres en finesse, mais très-avantageuses pour leurs prix.

Les Mousselines et les Nansoucks, en tissus plus ou moins clairs, des manufactures Saxonnes, se font par pièces de 9 mètres 2 centimètres et d'une largeur ordinaire de 1 mètre 13 centimètres. La fabrication en est bonne; les cotons employés sont bien filés. Les fabricants Saxons s'occupent peu jusqu'à présent de tissus façonnés, mais beaucoup de ceux destinés particulièrement à l'ameublement, et ils excellent dans ce genre. Leurs prix sont généralement avantageux, sans pouvoir être comparés, pour les tissus unis, à ceux de l'Angleterre et de la Suisse.

Toutefois, il sera facile d'expliquer l'excellente situation de l'industrie du coton dans la Saxe-Royale, en examinant les conditions favorables dans lesquelles elle se trouve placée.

En Allemagne, la vie habituelle et les salaires sont à bon marché. La comparaison des prix ordinaires payés pour une journée en Allemagne ou en Suisse avec ceux des ouvriers en Angleterre et en France, permettra d'apprécier la grande position commerciale que l'avenir semble réserver aux productions allemandes.

Je n'entreprendrai pas de faire ressortir ici le caractère, les habitudes et les besoins qui distinguent les travailleurs de telle ou telle contrée, cependant la différence qui peut exister entre les uns et les autres, devrait être prise en considération, si l'on voulait un jour discuter sérieusement les avantages particuliers des nations dans leurs moyens respectifs de production.

Ainsi les ouvriers de filature de coton en Angleterre, reçoivent ordinairement par jour, pour les gros numéros, de 3 fr. 25 à 3 fr. 75 c., et pour les fins numéros, de 4 à 6 fr.; en France, ils peuvent gagner de 3 fr. à 4 fr.; en Allemagne et en Suisse, ces mêmes ouvriers sont payés, pour un travail plus long, de 1 fr. 20 à 1 fr. 60 c. Pour les tisseurs Anglais, la moyenne du salaire, si je prends le chiffre qui a été souvent indiqué, serait pour une journée, de 3 fr. 50 à 5 fr.; en France, elle peut être, en décembre 1855, de 1 fr. 50 à 3 fr. 50 c., quand, en Allemagne, elle ne dépasse pas encore 1 fr. 25 et 1 fr. 50 c.

La journée d'une femme est, en Angleterre, de 2 fr.; en France, de 1 fr. 25, et de 30 à 60 c. en Allemagne. Les jeunes gens y gagnent de 20 à 25 c. par jour, quand ils ont, en France, 75 c. ou 1 franc.

Je ne veux pas m'étendre davantage sur la signification de ces chiffres qui établissent une comparaison aussi exacte que possible entre l'importance des salaires payés en Angleterre et en France et ceux payés en Allemagne; ils viennent justifier ce que j'avais eu l'honneur de vous dire sur l'avenir manufacturier du Zollverein. — Je dirai même qu'il ne peut en être autrement, quand il s'agit de nations intelligentes qui ont, dans leurs états, ce qu'il est si important d'avoir : la main-d'œuvre à très-bon marché et des industriels qui n'ignorent pas que les salaires directs et indirects entrent pour 50 ou 55 p. % dans le prix de revient des tissus de coton.

La supériorité très-remarquable des produits de la Saxe-Royale, que j'ai été heureux, Messieurs, de vous signaler, m'a entraîné à développer, plus longuement peut-être que je le désirais, cette vérité chaque jour plus évidente que le bas prix des salaires, les habitudes d'ordre, l'exactitude de l'atelier, la discipline des travailleurs, tous avantages enfin qui se trouvent réunis dans les usines de l'Allemagne, sont des éléments de réussite qui permettent de produire le tissu de coton dans des conditions très-favorables.

GRAND DUCHÉ DE TOSCANE.

Deux manufacturiers, l'un de Pise et l'autre de Novacchio, avaient envoyé leurs produits à l'Exposition universelle. — Ils y représentaient, dans la 19e classe, le Grand Duché de Toscane.

L'un file le coton, le teint et le fait tisser mécaniquement pour en confectionner divers articles unis et façonnés;

L'autre a livré à l'examen du Jury des tissus de coton, de lin et des tissus de laine et de coton.

La filature de Pise est assez importante. — Ses filés laissent à désirer, sans doute, et se ressentent nécessairement de la situation encore jeune de l'industrie du coton en Italie. Cependant, l'usage des tissages mécaniques chez un peuple qui s'en occupe si peu, indique déjà une excellente disposition industrielle qu'il importe de signaler.

Les tissus de cotons mélangés, de la fabrique de Novacchio, ne pouvaient pas, il est vrai, entrer en lice avec les produits similaires Anglais et même Français, mais ils dénotaient cependant cette intention de bien faire qui, avec le temps, ne peut manquer de se développer dans cette partie de l'Italie.

WURTEMBERG.

L'industrie du coton dans le Royaume de Wurtemberg, si on la jugeait sur les tissus envoyés à l'Exposition universelle par quatre manufactures de Stuttgard, d'Ebengen et de Jebenhausen, doit occuper une assez bonne position en Allemagne.

Il se fabrique à Stuttgard des Couvertures de piqués, des Toiles de coton, des Futaines piquées, des Devants de chemises, des Jaconats, des Façonnés, dont les qualités et les prix ont été favorablement appréciés. — Les velours de coton d'Ebengen, sans valoir ceux de la Bohême, méritent cependant d'être mentionnés.

Il y a beaucoup à attendre, je le répète, de l'Allemagne. Les produits exposés par les différents états qui composent ce grand Empire montrent que leurs manufacturiers veulent sérieusement conquérir la filature et le tissage; et ils y réussiront quand leurs capitaux, recherchant les meilleures machines et les découvertes nouvelles, consentiront à se porter dans cette grande industrie.

PORTUGAL.

Il y a un siècle à peine, le coton ne faisait, pour ainsi dire, que naître en Europe; cette industrie y marche aujourd'hui à la tête de toutes les autres. Les nations, maintenant, comprennent son importance en raison du bon marché de sa matière première et du nombre des ouvriers qu'elle emploie. Toutes, et elles ont raison, cherchent à s'associer au grand mouvement commercial auquel elle peut donner lieu.

Ainsi, le Royaume de Portugal possède à Lisbonne, à Thomar et à Negrellos, plusieurs grandes compagnies qui ont établi dans ces villes des filatures et des tissages de coton.

Le Portugal, qui était représenté à la classe 19e. par neuf exposants, produit des Fils de cotous à tisser et à coudre, des Indiennes, des Guingams, des Mouchoirs en plusieurs genres, des Toiles de coton et des Coutils.

Les dispositions des tissus de couleur, les qualités, les genres mêmes de ces produits laissaient sans doute à désirer, mais il est juste d'ajouter qu'il y avait, parmi leurs articles exposés, des tissus bien fabriqués, et que l'industrie du coton, longtemps délaissée en Portugal, y est depuis peu d'années seulement le but de l'attention de plusieurs de ses manufacturiers.

PUISSANCES DU NORD.

Les puissances du Nord de l'Europe étaient représentées à l'Exposition, et, à la 19e. classe surtout, par un petit nombre de produits.

Il ne faudrait pas cependant en tirer cette conséquence qu'elles fabriquent peu ou pas de tissus de coton. Vous savez comme moi, Messieurs, qu'en Russie dont naturellement les marchandises avaient manqué au concours pacifique ouvert à Paris, l'industrie du coton est en voie de progrès, et que sa fabrication qui est encore loin de suffire à sa consommation intérieure, produit de fortes quantités de cotonnades imprimées communes pour l'habillement des paysannes, et surtout des mouchoirs en tous genres, objet d'un commerce considérable.

Leurs Calicots et Percales sont à la fois de bonne qualité et d'un prix dont la modicité s'explique par celui du salaire des ouvriers qui est excessivemsnt bon marché.

SUÈDE.

Cette nation avait envoyé à Paris les produits de six de ses manufactures, en Fils de coton, en Calicots, en tissus de coton couleur mélangés, enfin en articles très-forts pour l'usage particulier des habitants de la campagne. Ces tissus bien fabriqués ont prouvé la marche progressive et l'avenir certain de l'industrie du coton chez les puissances du Nord qui cherchent à manutentionner, dans leur propre pays, les objets qu'elles consomment.

NORWÈGE.

Les produits de huit fabricants Norwégiens représentaient cette nation à la 19ᵉ. classe.

La fabrique de Nostod, près de Drammen, y avait exposé ses articles de coton tissés avec des métiers mécaniques. La Norwège produit de bonnes et fortes marchandises en Toiles de coton, en Piqués, en Indiennes ; en articles pour pantalons, pour ameublement, appropriés aux besoins de la consommation de ses habitants. Le Jury international, dans ses judicieuses appréciations, avait eu le soin de faire la part des coutumes plus ou moins anciennes et du goût particulier de chacun des peuples qui avait répondu à l'appel de la France en envoyant ses produits à son grand concours de Paris.

Je viens d'avoir l'honneur de vous dire, Messieurs, la situation de l'industrie des tissus légers de coton blancs chez les différentes nations représentées à l'Exposition universelle. Quelques-unes y manquèrent. La République Argentine, la Bavière, le Brésil, l'Egypte, le Hanovre, les Grands Duchés de Hesse, de Luxembourg, de Nassau et de Saxe-Cobourg n'avaient pas envoyé de tissus de coton à la 19ᵉ. classe.

On a généralement regretté l'absence de leurs produits. Toutefois, les nombreux visiteurs de l'Exposition ont été unanimes pour reconnaître que jamais l'industrie Textile n'avait été représentée avec plus d'ensemble, de grandeur et de magnificence, que dans les cinq classes du 6e. groupe qui comprenait la grande manufacture de tous les tissus, c'est-à-dire les trois cinquièmes de la population manufacturière de l'Europe.

Les éloges mérités qui étaient donnés aux tissus provenant de la laine, du lin, de la soie; aux tapis, aux broderies, aux tulles et aux dentelles, n'étaient pas moindres pour ce qui concernait les belles et variées productions du coton.

J'ai cherché, Messieurs, dans l'examen sommaire des tissus étrangers dont je viens d'avoir l'honneur de vous rendre compte, à me placer au point de vue de l'utilité qui leur était attribuée par les nations productrices et à classer leur mérite, abstraction faite des progrès ou des usages consacrés chez les peuples dont la civilisation et l'industrie étaient les plus avancées. — J'ai tenu, en formulant cette appréciation de leurs produits, à ne me prononcer qu'en ayant égard à l'état d'avancement de leurs manufactures, et, pour un instant, j'ai été Anglais, Américain, Allemand ou Suisse, afin d'examiner avec impartialité et attention les marchandises produites par ces diverses nations.

FRANCE.

J'arrive maintenant à l'Exposition de la France à la 19e classe, et dans l'esquisse nécessairement fort incomplète que je vais en tracer, je me dégagerai de tout sentiment de nationalité et de préférence, pour être scrupuleusement vrai à l'égard de la production de mon pays.

Suivant le relevé officiel publié par ordre de la Commission Impériale, il y avait 410 exposants Français pour la 19e classe, des nos 5608 à 6018 du Catalogue, plus 8 sans numéros, total 418. — Un supplément distribué en juillet ou en août, augmentait ce nombre de 21 nouveaux exposants, et le portait à 439.

Dans ce chiffre figurait l'industrie des Tulles et Dentelles de coton, qui a été, par décision ultérieure, reportée à la 23e classe, et qui se composait de 45 manufacturiers de Calais, de Saint-Pierre-lès-Calais et de Saint-Quentin, lesquels ont été ajoutés par conséquent à la liste des exposans de cette 23e classe ; restaient donc 394 exposants français pour les 10 sections de la 19e classe.

Ces 394 exposans se décomposaient ainsi : 79 pour la ville de Tarare, 60 pour les départements du Haut-Rhin et du Bas-Rhin, 60 pour la ville de Rouen et ses environs, 28 pour Condé-sur-Noireau, 18 pour Paris, 15 pour le département des Vosges, 13 pour Chollet, 7 pour la ville de Saint-Quentin. (Les tulles et broderies appartenant à la 23e classe et les laines à la 20e) 9 pour Roubaix, 8 pour Tourcoing, 8 pour Lille, 6 pour Amiens, 6 pour Bolbec, 4 pour Yvetot, 5 pour Laferté-Macé, 3 pour Nantes, 3 pour Troyes, et 64 pour des villes et fabriques diverses.

Je ne vous parlerai pas, Messieurs, des progrès de nos filatures de coton, dont les produits pouvaient, quant aux qualités et à la perfection, rivaliser avec ceux des autres nations. Le n° 600 métrique bien filé, n'était plus, cette année, une nouveauté à notre Palais de l'Industrie, puisque cette même finesse, également produite par l'Angleterre et par la France, n'avait pas été jugée à l'Exposition de Londres « comme un progrès ni assez réel, ni assez nouveau pour y « mériter une médaille de première classe. »

L'Exposition des cotons a permis de constater d'importants progrès obtenus dans la filature , mais pour ceux qui n'étaient pas à même de les apprécier, leur mérite était moins saisissant à une simple inspection , que les métiers qui les avaient produits et qui faisaient le sujet de l'admiration des hommes compétents.

Les districts industriels de Lille , de l'Alsace , de Saint-Quentin, de Rouen et des Vosges , sont toujours les centres de production qui alimentent plus particulièrement de cotons filés nos établissements de tissage.

Les articles de cotons tissés couleur, purs ou mélangés, d'autres substances comme la soie , la laine ou le fil , formaient une partie intéressante de l'Exposition de la 19e. classe.

Pour le goût , pour l'intelligence des combinaisons de couleurs, pour la variété et l'imagination des dessins, il était difficile de faire mieux que les villes de **Roubaix**, **Tourcoing**, **Saint-Quentin**, **Sainte-Marie-aux-Mines**, **Rouen**, **Lille**, **Chollet**, **Bar-le-Duc**, **Bolbec**, **Yvetot**, **Condé-sur-Noireau**, qui sont les centres principaux de la fabrication des tissusde coton tant purs que mélangés.

La ville de Rouen excelle dans celle des articles de couleur spéciaux pour l'Algérie , les Colonies , et dans les tissus de coton bleus et blancs à càrreaux ou rayés, pour chemises de matelots , à 30 centimes le mètre en 65 centimètres; et à 40 centimes en 90 centimètres de largeur.

Les villes de **Roubaix**, **Tourcoing**, **Sainte-Marie**, **St-Quentin** , **Lille** et autres, exposaient une grande variété de tissus de coton fantaisie mélangés de laine et de soie, tels que Valencias, Popelines, Grenadines , à la production desquels ces districts manufacturiers se livrent avec succès depuis plusieurs années.

Le Jury a été unanime pour reconnaître l'excellente qualité , le goût parfait et les gracieuses dispositions des produits qui lui ont été présentés par les manufacturiers de ces villes importantes.

Roubaix, Tourcoing, Rouen, Lille et Chollet, offraient en outre une charmante collection de tissus mélangés où le coton dominait, pour servir à l'usage des étoffes pour pantalons.

J'ai eu l'honneur de vous dire, en commençant ce rapport, Messieurs, que je n'entendais pas, en le faisant, établir des comparaisons partielles de prix et soulever une discussion sur tel ou tel système, ou sur la valeur différentielle de chaque produit de telle ou telle nation ; mon but a été de vous faire connaître la situation actuelle de l'industrie du coton et de constater des faits sans les discuter. — Seulement, à l'occasion des étoffes pour pantalons qui se fabriquent en France, je crois devoir vous rappeler, Messieurs, que dans la collection d'échantillons que je vais mettre sous vos yeux, se trouvent quelques morceaux de tissus coupés à l'exhibition du Comité de Manchester sur la qualité et les prix desquels j'appelle de nouveau votre sérieuse attention. Vous y verrez, en appréciant le prix du coton, des façons, la largeur du tissu, ce que peut produire, en étoffes pour pantalons et en prix extraordinairement bas, le district de Manchester.

La plupart des centres manufacturiers dont je viens de rappeler les produits, en fabriquent d'autres qui rentrent, par leur spécialité, dans la catégorie des classes 20ᵉ et 23ᵉ ; leurs noms vont se trouver encore sous ma plume en vous rendant compte des Tissus de coton teints, des Mouchoirs de poche et de cou, des Cotonnettes, des Toiles croisées, des Griselles et des Siamoises qui rentrent particulièrement dans les besoins des habitants de nos campagnes, et qui se fabriquent à Chollet, à Condé-sur-Noireau, à Bolbec, à Rouen, à Yvetot et à Bar-le-Duc.

Ces articles, très-forts et bien tissés, répondent parfaitement aux besoins de la consommation des classes les moins aisées et les plus nombreuses.

Pour ces articles, le district de Manchester étonne encore par le bas prix de ses produits, comme par celui de ses velours de coton cottelés et unis en toutes nuances, de qualités magnifiques que ses fabricants vendent de 1 fr. 40 à 2 fr. 40 c. le mètre.

Pour les tissus de coton imprimés, il a été reconnu et dit à l'Exposition universelle que : « pour le goût, la perfection des dessins, la « beauté, la solidité des couleurs et les dispositions gracieuses, la « France était supérieure aux autres nations. » — Il est à regretter, hélas ! qu'on ne puisse pas ajouter qu'elle l'était aussi par le bas prix de ses marchandises.

Sous ce rapport, elle ne venait qu'après l'Angleterre, pour ne pas parler de la Suisse, cette nation qui nous touche de si près, qui fabrique si bien, et de laquelle, au commencement du 19e siècle, nous recevions la plupart de nos tissus.

La France brille par l'application des couleurs et l'intelligence de ses dessinateurs. — En effet, comment ne pas admirer ces tissus de qualité souvent ordinaires, transformés en marchandises de toutes valeurs et de toutes couleurs, variées par la brillante imagination qui les produit, suivant les besoins qui les réclament depuis les prix les plus élevés jusqu'aux prix les plus modérés, depuis les besoins de l'opulence jusqu'à ceux de la plus médiocre aisance.

Plusieurs districts manufacturiers fabriquent plus particulièrement les Calicots, les Jaconats et les Mousselines imprimées.

Rouen, que l'on a appelé la manufacture du pauvre, se présentait à l'Exposition universelle avec ses Calicots imprimés, d'un excellent goût et d'une qualité irréprochable. — Les importantes filatures et les tissages de la Normandie lui en fournissent les principaux éléments. — Le district de Rouen imprime pour les classes les plus nombreuses de la société 800,000 pièces environ, suivant un renseignement me provenant d'une source très-honorable, et qui porte en outre que ce district possède 1,800,000 broches qui filent, et que 200,000 ouvriers y trouvent leur existence.

Les départements de l'Est, l'Alsace et les Vosges, apparaissaient au Palais des Champs-Elysées avec cette facilité de conception, cette élégance de dessins, cet art de nuancer les couleurs qui ont établi leur réputation dans toutes les parties du monde. — En effet, nulle part, cette industrie n'est si développée, si neuve, si hardie qu'en France ; nulle part elle n'a fait de progrès plus réels que ceux qui viennent témoigner de l'habileté supérieure de ses fabricans.

L'Angleterre a aussi présenté de bonnes qualités d'Indiennes et de Jaconats imprimés. — Leurs dessins sont bien faits, leurs genres variés, mais les fabricants du Royaume-Uni cherchent à créer des dispositions pour la consommation des contrées où ils exportent leurs marchandises, tandis que les fabricants français, trouvant leurs inspirations dans leur bon goût et leur génie, imposent les leurs partout où ils les vendent. Leurs produits ont été jugés, à l'Exposition, supérieurs à ceux des Anglais. — Voilà ce qui a été constaté, à Londres comme à l'Exposition de Paris ; seulement, à l'Exposition de Paris comme à celle de Londres, on a été forcé de reconnaître que les prix des tissus imprimés des districts de Manchester et de Glasgow étaient encore en-dessous de ceux de Rouen et de l'Alsace.

Voici à ce sujet un fait déjà cité, et que je livre à la méditation des hommes compétens en industrie : « Glasgow a montré des tissus « croisés faits sur des métiers à 3 et 4 navettes, mus par la vapeur. « Le mètre revient à 35 centimes en 64 centimètres de large, et éga- « lement des écossais, tout coton et bon teint, en 85 centimètres, à « 45 centimes le mètre. »

Il y avait encore en tissus de couleurs, aux expositions de la 19e.

classe, de belles pièces de Guingams, des Madras, des mouchoirs de toutes espèces. Ces articles se présentaient devant le Jury avec leur importance relative, et, si je ne fais que les mentionner ici, c'est parce que j'ai hâte d'arriver aux tissus blancs, forts et légers, gros et fins.

Les Calicots, les Percales, les Madapolams, les Cretonnes, les toiles de coton, les Jaconats et les Nansoucks se font depuis plusieurs années, vous le savez, Messieurs, avec des métiers mécaniques.

Ce nouveau système de fabrication s'est emparé non-seulement des articles unis, mais encore du métier à la Jacquart, pour produire des tissus brochés d'ameublement et autres.

C'est encore l'Angleterre, dont les besoins tendent chaque jour à substituer la force artificielle au travail de l'homme, qui nous a ouvert une voie où nous devons chercher à la suivre avec persévérance.

Une grande difficulté à surmonter était d'obtenir, avec le coton, un tissu très-fort pouvant servir à faire des toiles à voiles. Un grand industriel de la Normandie, à l'imitation des Américains, est parvenu à fournir à notre marine l'étoffe forte en coton qu'elle demandait à l'industrie du lin et du chanvre. — Ce fut un des beaux succès des tissus de coton forts à l'Exposition universelle, mais il ne fut pas le seul.

Les Calicots, les Madapolams, les Percales, les Cretonnes, les Croisés qui y figuraient méritaient d'être mentionnés particulièrement, et ils l'ont été.

L'Alsace, Essone, les Vosges, la Normandie et la Picardie sont des contrées où le tissage du coton et de la laine a atteint un haut degré de supériorité. L'excellente qualité de leurs produits en articles épais et serrés ne laisse rien à désirer; seulement il est juste de reconnaître que les progrès de nos tissages ont été favorisés par les progrès de nos filatures qui leur ont fourni des fils plus réguliers et plus parfaits. — Aucune nation ne fabrique mieux que la France certains tissus forts, cela est vrai, mais aucune autre n'emploie non plus des lainages aussi choisis et aussi chers pour filer les cotons qui produisent ces excellentes qualités de Madapolams sans apprêt, de Cretonnes qui sont le modèle de ce qui peut s'obtenir de plus remarquable en ce genre. — La supériorité, aujourd'hui incontestable de la qualité de certaines séries de nos cotons filés, vient encore justifier ce qui avait été mentionné il y a quatre ans, dans le rapport de la commission des cotons, à l'Exposition de Londres. Il s'agissait de classer les produits des filatures de l'Angleterre, de l'Ecosse, de la France et de la Suisse. Voici ce que disait ce rapport:

« Les cotons filés exposés par l'Angleterre et l'Ecosse sont pres-
« qu'exclusivement de qualité secondaire, propre à mettre en évidence
« le caractère de la fabrication qui donne l'habillement à une partie
« si considérable de la population ouvrière du monde.

« Les cotons filés Français et Suisses sont généralement de qualité
« supérieure, convenables à la production qui réclame à la fois de la
« souplesse dans le tissu, de l'éclat dans la couleur; la préparation
« dans les filatures a été conduite avec autant de talent que de succès. »

La France s'est montrée digne de sa réputation dans la filature et dans la fabrication des tissus de coton unis et forts, et, si l'on n'examine que la perfection de ses produits, elle soutient certainement la comparaison avec les nations les plus avancées en industrie, avec l'Angleterre dans les articles qui s'obtiennent mécaniquement, avec la Suisse pour ceux qui réclament l'emploi de la main-d'œuvre. Seulement, la belle et la bonne qualité du tissu ne sont que l'un des éléments de la comparaison que l'on peut faire, et il y en a un qui domine tous les autres, qui doit être l'objet des constantes préoccupations de nos manufacturiers, c'est le prix, c'est toujours l'extrême bas prix des produits rivaux qu'il faut envisager, et, sous ce rapport, il y a des différences dont il sera facile d'apprécier l'importance en se reportant au tableau qui établit une comparaison entre les prix des tissus de coton fort de l'Angleterre et de l'Amérique avec ceux de la France.

La supériorité dans les qualités et dans le goût que je viens d'avoir l'honneur de vous signaler, pour certains tissus de coton forts et imprimés de l'industrie du coton, j'ai le regret de le dire, ne se rencontrait pas toujours aussi souvent, aussi complètement, pour les tissus légers, unis et façonnés.

Comme la comparaison et l'examen de ces produits rentraient dans la subdivision de la 19e. classe du Jury international à laquelle j'avais plus particulièrement l'honneur d'appartenir, je me permettrai, pour ce qui concerne les tissus similaires qui se font à Saint-Quentin, de soumettre ici quelques observations générales qui, je l'espère, pourront éclairer ses fabricants sur la véritable situation de notre industrie locale.

Les produits de coton plus particulièrement exposés par les manufacturiers de Saint-Quentin étaient une collection de Jaconats tissés à la main et mécaniquement, en toutes largeurs, depuis les prix les plus bas, c'est-à-dire 25 c. jusqu'à 6 fr. 50 c. le mètre; des Nansoucks tissés également à la main et à la mécanique, depuis le prix le plus réduit, jusqu'à 8 fr. le mètre; et enfin des Mousselines de 128 à 135 centimètres de largeur, de 80 centimes à 12 fr. le mètre.

Il se fait aussi à Saint-Quentin des Percales dont la bonne fabrication y remonte à l'origine de la production en France de cet article, mais il n'en avait été envoyé à l'Exposition que très-peu de pièces.

Voici pour les tissus unis.

Maintenant, en tissus à dessins et brochés, les vitrines de Saint-Quentin renfermaient des collections de Piqués de toutes espèces, de Jupons piqués et des Couvertures, des Mousselines et Rideaux pour ameublement, des Jaconats brillantés et des Façonnés de tous genres pour la lingerie et pour robes, des Devants de chemises plissés mécaniquement et des Serviettes de coton.

Je ne vous parlerai pas, Messieurs, des tissus de laine et soie et de laine et coton, des Rideaux brodés, des Broderies pour la lingerie, des Tulles et Dentelles et du linge de table en fil qui rentraient, par leur nature, dans les 20°, 22° et 23° classe ; mais s'il m'était permis de me former une opinion sur celle qui m'a été exprimée par mes honorables Collègues de ces classes du Jury, je m'empresserais de dire que j'ai été heureux de recueillir de leurs bouches les éloges les plus flatteurs et les mieux mérités sur la variété des richesses industrielles du district de Saint-Quentin, qui se présentait à l'Exposition universelle avec ses nombreux produits.

En effet, Messieurs, un district qui renfermait dans sa circonscription des filatures de coton et des filatures de laine ; des tissages du coton, de la laine et de la soie ; des établissements de broderies, de dentelles et de tulles ; des ateliers de construction ; un centre industriel qui se trouvait dans de pareilles et si parfaites conditions approchait presque, par la variété de sa production, du grand district de Manchester.

A cette occasion, un regret pourrait être exprimé, c'est que, comme à Rouen, en Alsace, à Sedan comme à Elbeuf, comme à Manchester et à Glasgow, les nombreuses industries de nos contrées ne se soient pas groupées sous le nom générique du district de Saint-Quentin. Je reviens à ses produits.

Le Jaconat, qui est un tissu intermédiaire entre la Percale et le Nansouck ou mousseline très-garnie, se fabrique particulièrement à

Saint-Quentin et en Alsace, les qualités ordinaires mécaniquement, les qualités fines à la main.

En France, les largeurs que l'on donne aux Jaconats varient de 60 à 160 centimètres; en Angleterre, de 90 à 100; en Saxe, elles sont de 1 mètre 13 centimètres, et en Autriche de 1 mètre 20 cent.

Les Jaconats Français, surtout ceux de Saint-Quentin, sont ordinairement de qualités plus serrées que ceux des Anglais, de même que nos Percales apprêtées sont plus fortes que leurs Cambrics.

Je dirai tout d'abord, et, cette observation générale s'applique à tous les tissus de cotons légers et façonnés, que l'Angleterre excelle pour la beauté de ses blancs, la perfection et l'extrême bas prix de ses apprêts. — Un exemple que je puis citer est celui-ci : Un Jaconat du prix de 15 centimes le mètre, large de 90 centimètres, est aussi bien apprêté, avec autant de soin à Manchester, que si c'était une pièce à 2 fr. le mètre. Ce renseignement porte avec lui son utilité et son enseignement. Les Anglais ont l'immense avantage, par leurs apprêts remarquables, de transformer complètement, en leur donnant une séduisante apparence, les tissus les plus ordinaires. — La France a encore des progrès à obtenir, des améliorations à réaliser, pour exceller dans les manutentions qui parachèvent le tissu et qui le préparent avantageusement à la vente.

La Suisse n'avait pas de Jaconats dans son Exposition au Palais de l'Industrie. Etait-ce un oubli, ou bien cette nation qui fabrique avantageusement la Percale arrive-t-elle à la production de ses admirables mousselines sans s'occuper particulièrement de la sorte intermédiaire de tissu appelée Jaconat?

La Saxe en avait exposé quelques pièces, elles étaient bien tissées; mais ces Jaconats étaient encore inférieurs à ceux de Saint-Quentin et de l'Alsace. Quant aux produits du Wurtemberg et de l'Autriche, ils ne pouvaient leur être comparés.

Dans le Royaume-Uni, d'après ce que m'avaient fait l'honneur de me dire Messieurs les commissaires et manufacturiers Anglais, presque tous les tissus en coton, pour ne pas dire tous, s'y fabriquent maintenant avec des métiers mécaniques. — Ainsi le district de Manchester avait dans son exhibition des Jaconats en qualités remarquables, portant 42 fils en chaîne et 46 en trame, au quart de pouce, qui s'y vendaient 2 fr. 17 c. le mètre, tissés avec des métiers mécaniques. Il n'en est pas encore de même à Saint-Quentin. Pour me servir d'une finesse comparative avec celle que je viens d'avoir l'honneur de vous citer, les Jaconats qui présentent à la vue plus de 30 fils en chaîne au quart de pouce, s'y tissent encore généralement à la main.

J'appelle très-sérieusement, Messieurs, votre attention sur l'emploi général du métier mécanique en Angleterre : à Glasgow comme à Manchester, les tissus les plus clairs et les plus fins, même la plus grande partie des tissus brochés et façonnés, se fabriquent de plus en plus mécaniquement. Et, ce que font les manufacturiers Anglais, parce que, disent-ils, ils y ont d'abord économie de main-d'œuvre et ensuite qu'ils obtiennent une grande régularité dans la production, ce qui se rencontre très-difficilement dans le tissage à la main ; ce que font, dis-je, les manufacturiers étrangers qui veulent occuper le premier rang dans l'industrie du coton, ceux de la France ne manqueront pas de le faire bientôt aussi, car ils doivent être convaincus que le tissage à la main ne peut recevoir constamment, comme le travail mécanique, les progrès incessants de la science et des améliorations portées aux machines.

L'Angleterre n'avait pas à l'Exposition universelle de tissus Jaconats plus fins que ceux qui présentaient 42 fils au quart de pouce. La

France, et je puis même dire Saint-Quentin, y avait une pièce large de 128 centimètres, portant 50 fils de finesse en chaîne, dont le prix était de 6 fr. 50 c. le mètre. Les produits Anglais étaient donc inférieurs aux produits Français pour les belles qualités. — Si j'étais appelé à résumer consciencieusement les résultats de l'appréciation, qu'en recueillant mes souvenirs, j'ai pu porter sur ce tissu de coton, je dirais, Messieurs, que, pour leurs prix, les Anglais sont supérieurs à nous, qui le sommes à tous pour la finesse. Quant aux autres nations, l'Autriche, le Wurtemberg et même la Saxe, leurs produits ne pouvaient pas être comparés aux nôtres.

L'opinion que je viens d'émettre sur le tissu Jaconat sera à peu près la même pour celui appelé Nansouck, dont je vais avoir l'honneur de vous entretenir.

Le Nansouck est cet article de coton léger qui tient le milieu entre le Jaconat et la Mousseline garnie.

Le Nansouck anglais est moins serré que celui fait en France ; le genre d'apprêt qu'il reçoit est plus souple que celui qui lui est ordinairement donné à Saint-Quentin. — Il se fabrique à Manchester en deux largeurs, l'une ayant un mètre pour les qualités ordinaires, et l'autre 91 centimètres pour celles qui sont plus fines. Cette dernière largeur indique que les tissus les plus beaux sont destinés à l'usage des cravates blanches. Les prix de ces produits y varient de 33 centimes à 2 francs 25 centimes le mètre. Le tissu valant 2 francs 25 centimes en 91 centimètres de largeur est, pour ce prix, d'une finesse remarqnable ; c'est le plus fin qui m'ait été présenté : il fournissait à la loupe dont je vous ai rappelé plusieurs fois la dimension, 46 fils en chaîne et 48 à 49 fils en trame. Je dois ajouter que les cotons employés à fabriquer cet article, étaient parfaits de régularité.

En France, c'est-à-dire à St-Qnentin, en Alsace et à Tarare, le Nansouk se fait en toutes largeurs, depuis 60 jusqu'à 160 centimètres.

Saint-Quentin fait tisser avec des métiers mécaniques la plupart des qualités qu'il produit, et qui n'atteignent pas, au quart de pouce, 26 à 28 fils en chaîne, laissant aux tisseurs si habiles de son district industriel le soin de confectionner avec succès les sortes les plus fines et les plus belles, comme, par exemple, celles qui ont de 46 à 50 fils au quart de pouce, en 128 centimètres de largeur, et dont les prix varient de 5 à 8 fr. le mètre.

L'Alsace fabrique cet article mécaniquement dans les prix intermédiaires, sans, jusqu'à présent, s'être essayée dans les qualités extrà-fines.

Tarare, qui brille au premier rang pour les Mousselines, fabrique aussi des Nansouks, en assez grande quantité même, mais avec moins de succès peut-être, pour les prix, qu'à Saint-Quentin.

On peut donc dire, sans craindre de trop froisser les droits acquis et les intérêts légitimes de ces districts, que celui de Saint-Quentin est celui, en France, où il se vend le plus de Nansouks, et je dirai même qu'il s'en vend un grand nombre de pièces.

Les produits de Saint-Quentin, comparés à ceux de l'Angleterre et de l'Ecosse, donnent encore en cet article une différence importante en faveur des prix de Manchester et de Glasgow, tout en venant justifier cette vérité, qu'il se fabrique en France des qualités superfines qui ne s'obtiennent chez aucune autre nation.

Après les Nansouks, on fait encore à Saint-Quentin un genre de Mousseline très-garnie, de 125 à 130 centimètres de largeur, depuis le prix de 80 centimes jusqu'à celui de 5 à 6 fr. le mètre.

Les Anglais, les Suisses, n'ont pas le même article, dont la consommation commence à devenir importante.

Des fabricants du rayon industriel de St-Quentin avaient exposé exceptionnellement des coupes de ces Mousselines, dont le prix était porté jusqu'à 12 francs le mètre, mais ces prix très-élevés sont fort peu recherchés par la consommation ordinaire. — Ils avaient employé dans ces produits extrà-fins de leur exposition en Nansouk et en Mousseline, des chaînes jusqu'au n° 240 et des trames 335 $^{m}/_{m}$. Ces cotons filés, remarquables par leur parfaite régularité, provenaient de nos meilleures filatures du département du Nord.

Un tissu qui a pris depuis plusieurs années une extension que l'on pourrait presque appeler Européenne et dont les produits figuraient sous bien des espèces aux expositions de la plupart des nations qui manutentionnent le coton, l'article Piqué, occupait une place très-honorable et très-belle au Palais de l'Industrie. On pourrait même dire avec raison qu'une part lui est légitimement due dans les éloges mérités qui ont été donnés aux produits cotonniers de la 19e. classe.

Sa fabrication en Angleterre remonte à l'époque où l'on a commencé à y manufacturer le coton. C'était alors une simple étoffe qui servait à faire des gilets et qui, aujourd'hui, a pris un développement considérable. — Manchester fabrique avec succès cet article important du coton ; ses bonnes qualités ordinaires servent à faire les trousseaux, les layettes, les objets pour la lingerie, et ses qualités fines, les gilets.

On y tisse également le Piqué plus large pour jupons molletonnés et non-molletonnés, avec bordures ou festons, dont la consommation est devenue aujourd'hui d'une importance considérable.

Le chiffre d'affaires déjà très-élevé auquel ce genre de produit donne lieu, indique l'avenir qui est réservé à sa fabrication.

La largeur des Piqués Anglais, comme celle des Piqués provenant des autres pays, est de 65 à 72 centimètres. — Leurs prix varient de 60 centimes à 5 fr. le mètre. Le district de Manchester avait une série de bonnes dispositions, en qualité passable, du prix de 68 centimes le mètre. — Il serait impossible à Saint-Quentin et ailleurs, je le crois, de produire cet article à de pareilles conditions.

Les produits de ce district en Piqués unis, Reps, Diamants pour gilets, sont également supérieurs à ce qui se fabrique en France, surtout du prix de 2 fr. 25 c. à 4 fr. 50 c. le mètre. Ils le sont aussi pour certaines sortes de Jupons, Courte-pointes, Couvre-pieds et Tapis de table à grandes dispositions, genre épinglé et autres, en blanc et en couleur.

Les fabricants de ce grand district livrent pour 5 fr. 75 c. des Courte-pointes, jolis dessins en couleur ou en blanc, tissus d'excellentes qualités, larges de 1 mètre 75 cent. et longues de 2 mètres 25 cent.; puis beaucoup mieux, pour 7 fr. 50 c. une très-belle sorte de 1 mètre 75 centimètres de largeur sur 2 mètres 40 centimètres de longueur. Ces prix donneront un aperçu du cours auquel se vendent les courte-pointes et tapis de table à Manchester.

Il se fabrique aussi à Glasgow un genre de linge de coton pour la toilette et la table, qui ne se fait en France ni dans les mêmes conditions de prix, ni pour le même usage. Cet article pour serviettes se nomme Hackaback. Deux ou trois fabricants l'avaient exposé en différentes qualités, depuis 33 jusqu'à 90 centimes le mètre environ.

Ces fabricants commencent leurs serviettes de toilette, dessin œil de perdrix, en 85 centimètres de longueur, au prix de 2 fr. 25 c. la douzaine. Ils font ensuite de très-belles qualités pour le service de la table, de 75 centimètres de largeur sur 1 mètre de longueur, à 6 fr. 88 centimes la douzaine, avec de jolis dessins faits au métier à la Jacquart. Le prix des Nappes est dans les mêmes proportions de bon marché, comme par exemple 1 fr. 55 c. pour une nappe de 1 mètre 60 cent. de longueur sur une largeur de 1 mètre 40 centimètres.

Je vous demande pardon d'avoir laissé pour un instant l'article Piqué dont je vous entretenais et d'avoir appelé votre attention sur les prix fabuleusement bas du linge de toilette et de table en Angleterre, mais j'ai le désir, et c'est un devoir pour moi, de vous faire connaître, le mieux que je le puis, les produits étrangers dont le tissage et l'emploi peuvent intéresser l'industrie de notre pays.

La France qui, vous le savez, Messieurs, fabrique aussi de magnifiques qualités de linge de table, ne peut prétendre encore suivre l'Angleterre dans les prix que je viens d'avoir l'honneur de vous indiquer et qui m'ont été transmis par Messieurs les représentants des fabricants eux-mêmes.

Je reprends ce que j'avais commencé à vous dire au sujet des Piqués Français et je vous avouerai que si je me suis d'abord occupé de ceux de nos voisins d'Outre-Manche, c'est parce que, en cet article, hélas! comme en tout autre tissu de coton, l'avantage de l'excessif bon marché ne peut être refusé à leurs produits. Cependant la France a conservé, pour les belles qualités et pour le goût des dessins, la supériorité qu'elle avait su conquérir à l'Exposition de Londres. En effet, elle était sans rivales à celle de Paris en ce qui concernait les très-belles qualités pour gilets, les dessins genre cachemire et autres, ceux à médaillons et à sujets, tissés de diverses couleurs sur des fonds dont le croisé atteignait les plus grandes finesses.

Sans vouloir citer tous les genres qui mériteraient d'être mentionnés dans ce rapport, je crois pouvoir dire qu'il était difficile d'exposer des produits plus remarquables pour gilets que ceux qui avaient été envoyés par nos plus habiles fabricants de Reims, de Rouen et de Lille.

Les qualités les plus fines n'étaient pas les seules qui aient été jugées dignes d'éloges. Près de ces belles pièces il s'en trouvait d'autres un peu moindres et de dispositions plus modestes dont les prix étaient plus à la portée des petites bourses, et dont la bonne fabrication avait été, comme elle devait l'être, favorablement appréciée par les membres du Jury.

Les Piqués blancs pour jupons et pour la lingerie, les Couvertures de lit et de table qui figuraient brillamment à l'Exposition universelle, y présentaient la collection la plus variée et la plus complète que l'on ait jamais vue jusqu'à présent. Tous les districts qui s'occupent depuis long-temps de tisser le coton, ceux de Saint-Quentin, de Rouen, de l'Alsace, de Reims, de Laval, de Lille, de Tourcoing, de Troyes, y avaient envoyé, cela devait être, un beau choix de leurs produits. — Mais ce qui a étonné, c'est que le Piqué ait été choisi de préférence, comme article d'essai, par les contrées qui, nouvellement, cherchent à introduire chez elles le tissage du coton.

Ainsi, on fabrique aujourd'hui et avec succès des Jupons à Amance (Haute-Saône), à Claye (Seine-et-Marne), à Tournus (Saône-et-Loire), à Authon (Eure-et-Loire), et en plusieurs autres localités peu connues encore pour manufacturer le coton.

J'ai eu l'honneur de vous dire déjà que cet article avait, en outre, des producteurs depuis plusieurs années en Belgique, en Saxe, en Autriche, en Prusse, dans le duché de Bade, dans le Wurtemberg et dans les provinces du Nord. — Vous reconnaîtrez avec moi, d'après ce que je viens d'avoir l'honneur de vous dire, qu'il n'y a jamais eu un tissu de coton qui ait été l'objet d'une émulation plus générale, d'une production plus recherchée que le Piqué.

Je dois toutefois ajouter que les tissus exposés par le district de Saint-Quentin, en ces articles, étaient, particulièrement dans les prix intermédiaires, parfaits de goût et de qualités, et de nature à soutenir avec avantage toutes les comparaisons qui pouvaient leur être opposées.

Il y a plus, Messieurs, et je suis heureux de le dire, c'est que pour les Piqués matelassés et demi-matelassés, en dessins variés et en dessins dits Diamants, les autres nations n'ont pas atteint le degré de supériorité en tous genres que l'on remarque dans les produits du district de Saint-Quentin. Ce centre industriel peut aussi revendiquer la première place pour la fabrication de l'article Imitation de broderie plumetis sur fond garni, pour celle des Nansouks pour entre-deux et autres tissus à l'usage de la lingerie et enfin pour son importante production de Mousselines et Rideaux brochés pour l'ameublement, sur fonds mousselines et sur fonds gazes. Pour ces articles d'une grande consommation qui commencent à s'y tisser mécaniquement, le district de Saint-Quentin l'emporte, pour le goût de ses dessins et la perfection de ses produits, sur ceux des autres nations. La Saxe Royale et l'Ecosse sont cependant, et je ne vous l'ai pas laissé ignorer, celles qui les fournissent aux prix les plus bas, sans toutefois les égaler en perfection. La Suisse et Tarare excellent dans les Mousselines imitation plumetis sur fonds organdis, mais l'avantage reste à celles de Saint-Quentin pour le genre des Mousselines garnies.

Les produits Anglais sont remarquables d'abord pour le prix, puis pour la bonne fabrication et l'apprêt des tissus appelés Brillantés et Façonnés, mais pour l'intelligence des dessins, la nouveauté des genres et le bon goût des dispositions, les tissus Français similaires sont encore préférables à ceux des autres contrées.

La France fabrique aussi avec succès et avec avantage les devants de chemises, imitation de plis cousus, en tous prix et en toutes qualités. Les essais faits ailleurs pour imiter ces produits ne sont pas encore parvenus à atteindre la hauteur de ses progrès.

Vous comprendrez, Messieurs, la réserve extrême que j'ai dû mettre à formuler mes appréciations sur les tissus de coton exposés au Palais de l'Industrie, car les membres du Jury n'avaient pas devant les yeux toutes les productions manufacturières de telle ou telle nation, mais souvent une faible partie de ces mêmes productions sur les qualités et prix desquelles ils étaient appelés seulement à se prononcer.

A cette observation que je devais faire, j'en ajoute une autre, en abordant dans ce rapport la série des Mousselines claires : c'est que cette partie de l'industrie du coton n'est pas celle qui a fait spécialement l'objet des études de ma vie commerciale.

Sous le mérite de ces réserves que vous apprécierez, je vais avoir l'honneur de continuer à vous faire connaître ma pensée toute entière sur les tissus légers des fabriques de Tarare, de la Suisse et de l'Angleterre.

Les Mousselines unies tenaient un rang distingué à l'Exposition et à la 19e. classe.

Tarare qui est la ville de France où l'on fait le mieux la Mousseline claire, y arrivait avec les tissus de 79 de ses fabricants ; la Suisse avec ses meilleurs produits; et l'Angleterre avec ce que pouvaient fournir de plus avantageux ces deux colosses de ses manufactures qui s'appellent Manchester et Glasgow.

L'Angleterre, dont je vais encore avoir à vanter le bon marché pour les tissus clairs, produit plusieurs genres de Mousselines dont j'ai déjà eu occasion de vous entretenir, qui sont plus particulièrement connues sous les désignations de : English-Mulls, Muls-Scolch, Elastic-Mull, Bishops-Lawn, Mul-Mul, English-Books et Victoria-Lawn.

En France, il y a aussi des nuances presque insaisissables dans les différents degrés de clarté de ces tissus, depuis la Tarlatanne jusqu'au bon grain de Mousseline serrée.

J'ai eu l'honneur de vous dire déjà qu'en Angleterre toutes ou pour ainsi dire toutes les espèces de Mousselines se tissent mécaniquement. Il n'en est pas de même pour cet article, en France; Tarare se sert généralement pour sa fabrication du tissage à la main.

Si l'on peut s'en rapporter aux déclarations du représentant des fabricants de Glasgow, comme je n'en doute pas, leurs Mousselines claires se trouvent dans des conditions exceptionnelles pour les prix et les qualités.

Ils y commencent à vendre à 12 centimes le mètre une Mousseline de 80 centimètres de largeur, pas trop mauvaise en qualité, et à 15 centimes leurs Moustics blancs et en couleur. — Les Mousselines de Glasgow et de Manchester ont de 90 à 130 centimètres de largeur; elles se vendent à la pièce; les finesses sont indiquées par numéros. A Glasgow, leur numéro 10, qui a 19 fils en chaîne, au quart de pouce, valait en mai 1855, 38 centimes en largeur de 92 centimètres.

Le n°. 15 avec 21 fils en chaîne. . . . . . . « 60 centimes.

Le n°. 22 avec 26 fils « . . . . . . « 95 «

Le n°. 26 avec 30 fils « . . , . . . 1 35 «

Le prix des Mousselines organdis de Manchester, c'est une observation que j'ai déjà eu occasion de vous faire, semble être un peu moins avantageux que celui des produits similaires de Glasgow.

En passant en revue les produits exposés par le district de Manchester, j'ai eu soin de vous faire connaître exactement les prix, eu égard à la finesse des English Books et des English Mulls; il vous sera facile, en vous y reportant, de voir que ces renseignements pourront permettre à nos fabricants de se rendre un compte positif du prix des Mousselines anglaises.

La Suisse avait envoyé peu de mousselines unies au Palais de l'In-dustrie. — Déclarée supérieure aux autres nations pour les qualités extrà-fines de ses produits au Concours de Londres, en 1851, elle avait réservé toute son énergie, tous ses efforts, toute sa puissance, pour rendre admirable, en 1855, son magnifique étalage de Mousse-lines, de Stores et de Rideaux brodés; cependant elle avait des pièces de Mousselines unies remarquablement belles.

Une maison d'Hérisau avait dans ses vitrines ce qui peut se pro-duire, en cet article, de plus parfait. Le prix de ces pièces, qui avaient 86 centimètres de largeur, était, il est vrai, très–élevé; celle qui était la plus fine, faite avec du coton n° 400 $^m/_m$ en chaîne, valait 8 fr. le mètre. — Pour ce genre de Mousseline, dont le grain est plus serré que celui de la Tarlatanne, pour les Mousselines organdis imi-tant le plumetis, la Suisse, suivant moi, a conservé sa supériorité de 1851; mais pour le tissu le plus clair, pour la Tarlatanne, pour les Mousselines très-fines, apprêt doux, Tarare n'avait pas de rivaux à l'Exposition universelle.

Je vais vous dire, Messieurs, mon opinion sur la superbe Exposi-tion de ce district industriel. Le nombre des fabricants qui avaient en-voyé leurs tissus au grand Concours universel de l'Industrie prouvait déjà, comme j'ai eu l'honneur de vous le dire, l'importance qu'ils at-tachaient à faire connaître les progrès et la variété de leurs produits.

En effet, Messieurs, tout le monde a admiré l'Exposition de Tarare. Je ne parlerai pas de ses délicieuses broderies qui ont mérité les élo-ges de tous ceux qui savaient apprécier le goût de ses excellents des-sinateurs et la parfaite exécution du travail des intelligentes brodeu-ses qui y ont coopéré.

L'examen de ces magnifiques broderies Suisses et Françaises pour servir à l'ameublement, avait été confié à une commission mixte composée de membres du Jury de la 19e. et de la 23e. classes.

J'avais l'honneur de faire aussi partie de cette sous-commission qui avait à apprécier la confection et les dispositions des genres vraiment remarquables soumis à ses décisions. — Toutefois la fabrication des grands Rideaux brodés sur mousselines ne faisant qu'accessoirement partie de l'industrie de Saint-Quentin, je vous demanderai la permission de ne pas m'y arrêter plus longtemps et de continuer mes observations sur le district de Tarare.

J'ai eu l'honneur de vous dire qu'aucun centre industriel ne produisait plus avantageusement l'article Tarlatanne et les Mousselines très-fines en apprêt souple.

Tarare fabrique ces tissus Tarlatanne du prix le plus bas aux prix les plus élevés, de 32 centimes en blanc ou 22 centimes en écru, à 18 fr. le mètre, en une largeur de 160 centimètres.

Cette fabrication occupe beaucoup d'ouvriers et il s'exporte pour 6 ou 7 millions de ses produits. C'est un excellent manufacturier de Tarare qui a exposé une robe de Tarlatanne de 15 mètres de longueur, tissée avec du coton n°. 510 $^m/_m$ pesant seulement 87 grammes.

Ces contrées fabriquent admirablement tous les genres imaginables de Mousselines claires en toutes largeurs, depuis 11 centimes le mètre en 65 centimètres, pour envelopper le beurre, jusqu'aux finesses les plus grandes et les plus élevées.

Tarare fait avec une supériorité incontestable les finesses les plus belles, surtout en apprêt souple; et les plus grandes largeurs qui ne se fabriquent que peu ou pas en Angleterre. — Ce district manufacturier produit également avec succès les tissus dits Argentines blanches et moirées, les Mousselines brochées pour l'Algérie, les façonnés Organdis pour la lingerie, les Imitations de Broderies au plumetis et les Mousselines teintes en couleurs.

Permettez-moi aussi, Messieurs, de vous parler un instant de ces robes de Tarlatanne si délicieuses et si pleines de goût qui sont sorties des ateliers de cette ville industrieuse.

Vous vous rappellerez sans doute, comme tous les visiteurs de l'Exposition se les rappelleront, ces robes d'Organdis ondulées de suaves nuances, sur lesquelles ont été jetés avec ménagement et délicatesse de charmants effets d'or et d'argent. Ces robes de soirées qui se vendaient de 14 à 26 fr. la robe, étaient aussi remarquables par leur excellent goût et leur perfection, que par leurs prix excessivement bon marché.

Pour cet article, on peut l'affirmer sans crainte, la France l'avait incontestablement emporté sur les autres Nations.

Encore un dernier mot, Messieurs, et j'aurai passé en revue, le plus brièvement possible, les principaux tissus de coton légers qui figuraient à l'Exposition universelle. Je ne veux cependant pas finir ce rapport sans vous dire les progrès immenses de l'industrie du coton dans les départements de l'Est. C'est dans ces provinces essentiellement manufacturières que se développent presque toujours, d'abord, les précieuses découvertes qui deviennent ensuite de durables conquêtes.

Nulle part, en France, cette industrie n'est ni aussi brillante ni aussi prospère, mais il faut reconnaître qu'elle y est favorisée par des circonstances exceptionnelles qui tiennent à l'esprit industriel des chefs de ses établissements et au bon marché de la main-d'œuvre. — C'est surtout dans ces contrées que l'on rencontre ces véritables géants de l'industrie qui réunissent dans leurs manufactures la filature, le tissage, le blanchîment, les apprêts et l'impression; en effet, dans ces vastes ateliers, le coton entre en balles et il n'en sort qu'en une prodigieuse quantité d'articles de divers tissus blanchis et apprêtés suivant les besoins de la consommation ou imprimés suivant les fantaisies du goût du jour.

C'est en Alsace que l'on rencontre des maisons qui ont trois roues hydrauliques de la force de 105 chevaux, deux machines à vapeur de 75 chevaux, 1,050 métiers à tisser mécaniquement, 1,200 métiers à bras, 32 machines à parer pour préparation et qui occupent 2,200 ouvriers. — C'est encore dans le Haut-Rhin que l'on tisse mécaniquement des filés de provenance Algérienne n°. 250 $^m/_m$ en chaîne et 300 $^m/_m$ en trame, pour fabriquer, avec une perfection remarquable, des tissus clairs à l'usage de l'impression.

Cet essai qui, depuis plusieurs années, n'en est plus un pour l'intelligent fabricant d'Altkirch, qui avait exposé ces délicieuses Mousselines rayées organdis, prouve combien il serait facile en France de faire servir avec succès l'usage des métiers mécaniques au tissage des Mousselines les plus claires et les plus fines, puisque les remarquables produits qui ont été mis sous les yeux des membres du Jury présentaient une grande régularité dans le tissage et bien peu ou pas de défauts de fabrication.

Voici, Messieurs, les documents et renseignements que j'avais considéré comme un devoir de vous faire connaître.

J'ai pensé qu'au moment où ce beau et grand Palais qui avait été élevé en l'honneur de l'intelligence et de l'industrie de toutes les nations, allait fermer ses portes, il importait à ceux qui ont eu l'honneur d'être plus particulièrement appelés à en apprécier les merveilles, de se recueillir, d'évoquer leurs souvenirs, de consulter leurs notes, pour constater les progrès véritables, pour chercher à en utiliser les résultats, pour, enfin, indiquer d'une manière aussi précise que possible la situation réelle de nos industries nationales, comparativement à celles des autres peuples.

J'ai pensé encore, Messieurs, que l'Exposition n'avait pas été seulement une grande fête, un simple étalage de nos richesses manufacturières, un concours universel, une gloire pour les triomphateurs, mais qu'elle devait être un sujet continuel de comparaison
pour nos industriels, et un enseignement sérieux pour généraliser
les méthodes et les perfectionnements qui y ont été couronnés.

Je vais maintenant vous résumer, le plus brièvement que je le pourrai, mon opinion personnelle sur la position des principaux articles
de l'industrie des tissus de coton de notre pays, eu égard à celle des
produits similaires des nations étrangères.

Mais, avant de le faire, je vous demanderai encore la permission de vous citer sur le même sujet, les conclusions du savant rapporteur des travaux de la Commission Française à l'Exposition universelle de Londres.

L'honorable sénateur M. Mimerel, qui a toujours été à la tête des
manufacturiers qui ont défendu avec le plus de dévouement les intérêts du commerce national, formulait en ces termes son opinion sur
les décisions du Jury international de 1851 :

« La France déclarée l'égale de l'Angleterre dans l'art de filer le
« coton ;

« Ne connaissant pas de supérieur dans la fabrication des tissus
« serrés ;

« Egale, sinon supérieure, dans les tissus de couleur ;

« Inférieure encore dans l'art d'enluminer le piqué ;

« Ne connaissant que la Suisse qui puisse concourir avec elle pour
« la Mousseline claire unie ;

« La première pour la Mousseline brochée ;

L'honorable rapporteur ajoutait :

« Maintenant, s'il faut classer les nations dans cette immense in-
« dustrie, je dirai : Pour le bon marché, l'Angleterre ; après elle, les
« Etats-Unis et la Suisse. — Pour l'importance des valeurs créées,
« l'Angleterre ; bien loin après elle, la France et les Etats-Unis. —
« Pour la perfection, la France, l'Angleterre et la Suisse. »

Ce qui était juste et vrai en 1851 s'est trouvé l'être encore en 1855 ;
c'est-à-dire qu'il résultera de l'ensemble des travaux de Messieurs les
rapporteurs de la 19°. classe et des récompenses décernées par le Jury,
que l'appréciation qui avait été formulée à l'Exposition de Londres
sur l'ensemble des produits de l'industrie du coton, se trouvera être
encore, à peu d'exceptions près, celle qui ressortira en 1855 de l'examen de ces mêmes produits envoyés, il y a quelques mois seulement,
à Paris, à cette grande fête de la civilisation humaine.

Je n'ajouterai rien à l'opinion si claire et si précise de l'honorable
vice-président de la 19°. classe du Jury international, car cette opinion est aussi la mienne ; seulement je désire, pour faire mieux com-
prendre ma pensée, établir des classifications de détail qui sont par-
ticulières aux principaux articles de l'industrie du coton.

Ainsi, Messieurs, il résulte pour moi, d'après le rapport, les motifs et les appréciations que je viens d'avoir l'honneur de vous présenter :

1°. Que pour les tissus forts, les Calicots, les Percales, les Madapolams, le très-beau linge de table en coton, les Croisés et les Cretonnes, la France est supérieure pour les belles, bonnes et fines qualités ; mais qu'elle est inférieure pour les prix comparés avec ceux
des mêmes produits Anglais, en moyenne de 35 p. %, pour les tissus
écrus, et de 30 p. %, pour les tissus blancs, suivant le tableau de M.
E. Seillières.

Il résulte encore du même tableau que les deux échantillons de tissus forts des Etats-Unis, également décomposés, offrent une différence l'un de 37 et l'autre de 48 p. %;

2°. Que pour les qualités extrà-belles de Jaconats et de Nansouks,
Saint-Quentin l'emporte par la finesse de ses produits; mais que pour
celles ordinaires de 15 c. à 2 fr. 20 c. le mètre, pour les blancs, pour
les apprêts, et surtout pour les prix, l'avantage, et un avantage important, reste acquis aux produits de l'Angleterre;

3°. Que pour les Mousselines unies de différentes sortes d'épaisseur,
en apprêt organdi d'Ecosse, depuis le plus bas prix jusqu'à 2 fr. le
mètre; pour les Mousselines couleurs, dites Moustic; les Cravates
mousselines jusqu'au prix de 8 fr. la douzaine; les Mousselines lancées et brochées en coton et en laine, de 40 à 70 centimes le mètre,
les produits de Glasgow (Ecosse) ont une supériorité incontestable sur
ceux des autres nations;

4°. Que pour les Mousselines moins claires que les Tarlatannes,
celle appelée Mousseline Suisse, celles brochées imitant la broderie,
celles façonnées pour la lingerie sur fonds organdis, la Suisse a conservé avec avantage le degré de supériorité qui avait fait placer ces
mêmes produits au premier rang à l'Exposition de Londres;

5°. Que pour les qualités extra-fines des Mousselines claires en apprêt souple; que pour l'article Tarlatanne, les robes organdis en couleurs et en blancs, les tissus rayés et façonnés pour la confection,
les produits de Tarare ont aujourd'hui une supériorité incontestée sur
ceux des autres peuples;

6°. Que pour les Piqués et Jupons bas prix; les Piqués unis à petits
grains, de 1 fr. 25 à 4 fr. 25 c. le mètre; les couvertures et tapis de
table en couleurs et en blanc; les courte-pointes; le linge de toilette
et de table, en coton; les Brillantés, les Façonnés, les Basins, les

India Twilled ou tissus unis satinés, les Cambrics unis et croisés, les Dimitie ou tissus imitant le satin, les produits de l'Angleterre l'emportent pour la perfection de leurs qualités et de leurs apprêts, et surtout par leurs prix extraordinaires, sur ceux de toutes les autres nations ;

7°. Que pour les Piqués à gilets, grandes et petites dispositions, pour les Piqués de genres nouveaux et extraordinaires, unis et brochés, les tissus des districts de Reims, de Rouen et de Lille, ne doivent redouter aucune concurrence ;

8°. Que pour les Piqués matelassés, petites et grandes dispositions, les Piqués molletonnés, les beaux Jupons piqués, toutes les riches Nouveautés en ce genre, festonnées ou autres, les Entre-deux et les Mousselines brochées, petits et grands dessins imitant la broderie, sur fond Nansouk ; que pour les Devants de chemises avec imitation de plis tissés mécaniquement, la fabrique de Saint-Quentin l'emporte certainement sur toutes les autres ;

9°. Que pour toutes les espèces de Mousselines pour l'ameublement, les Rideaux grands et petits, les Stores brochés sur des fonds de mousseline, de gaze ou de tissu genre guipure, le district de Saint-Quentin l'emporte encore par l'excellent goût de ses dessins, la réussite de ses qualités et l'ensemble parfait de sa fabrication, sur tous les produits similaires des autres nations, en rappelant, toutefois, pour ce qui concerne particulièrement les grands Rideaux sur de la gaze et de la mousseline, que les prix de ces marchandises étaient cotés, par l'Ecosse et la Saxe-Royale, meilleur marché qu'à Saint-Quentin ;

10°. Que pour les Etoffes et Velours de coton à l'usage des pantalons en bonnes qualités ordinaires, la palme revenait à l'Angleterre, comme elle appartenait à la Prusse pour ses grosses Etoffes tirées à poil de 40 à 70 centimes le mètre.

Vous comprendrez, Messieurs, les motifs qui me portent à ne pas vous faire connaître dans ce rapport mon opinion sur les Etoffes de coton en couleur, de coton mélangé d'autres substances, et sur les Tissus imprimés.

L'appréciation de ces produits avait été, avec raison, plus particulièrement réservée à nos chers Collègues de la 19e. classe, MM. H. Barbet et Jean Dolfus, de la France, Watter Crum, de l'Angleterre, et J. Koller, de la Suisse. Personne, mieux que ces honorables et grands manufacturiers, ne pouvait remplir ce mandat.

Telle a été, Messieurs, la position des différentes branches de l'industrie des tissus de coton légers, à l'Exposition universelle, du moins je crois vous l'avoir présentée d'une manière aussi exacte que possible, et cette appréciation que je viens d'avoir l'honneur de vous résumer, résulte pour moi de l'examen attentif et consciencieux de ces mêmes produits auquel j'ai dû me livrer.

De cet examen il résulte aussi pour moi cette conviction, que le caractère particulier de l'industrie de la France est l'universalité, le bon goût et la perfection.

Oui, Messieurs et chers Collègues, de tout ce que j'ai vu durant plusieurs mois, pendant lesquels j'ai constamment cherché à étudier le côté pratique de cette grande Exposition, c'est-à-dire ce que pouvait créer l'intelligence humaine pour l'usage le plus commode et le moins coûteux de nos millions de consommateurs ; de tout ce que j'ai examiné, entendu dire et appris, il résulte plus que jamais, pour moi, cette conviction que la France fait de tout, et que ce qu'elle fait, elle le fait bien ; seulement, elle ne fabrique les cotons filés et les tissus de coton qu'à un prix plus élevé que celui des Anglais, des Américains et même des Suisses.

Chaque peuple a ses avantages. La Prusse et l'Allemagne viennent de montrer ce que ces nations pouvaient déjà produire de remarquable et à quel prix elles manufacturaient les draps, certains tissus de laine et même de coton couleur. L'Angleterre exploite les fers, la houille, et fabrique le coton avec un avantage merveilleux, à des prix extraordinaires, mais les tissus de soie, elle les fait moins bien, et pour les draps et le goût de ses Mousselines imprimées, elle est même loin encore de certaines autres nations.

Les Etats-Unis n'avaient exposé que quelques pièces de tissus de coton en fortes qualités, mais sur ces quelques pièces on pouvait augurer qu'il y a chez ce peuple tout un avenir industriel bien redoutable pour l'Angleterre.

L'Amérique produit à 38 et 42 centimes ce qui se vend à Manchester 43 et 48 centimes.

Quant à la France, elle a une grande intelligence et une perfection de qualité presqu'universelle sur une partie importante de sa production ; elle a l'avantage du bon goût, du beau et de la nouveauté ; elle est sans rivale pour l'application des couleurs sur les tissus ; elle fait des Soieries d'une beauté remarquable, des Broderies, des Tapis, des Dentelles, des Etoffes de laine admirables. Tout le monde rend hommage à la fabrication de ses Draps fins et de ses Draps nouveautés ; seulement, il est une vérité incontestable et incontestée, qui ne peut être et ne sera pas déniée, qui résulte de ce rapport et qui résultera de tous les autres qui pourraient être écrits sur l'Exposition universelle de 1856, c'est qu'il y a encore une différence importante entre les prix du produit du coton en Angleterre et ceux de la France.

Je n'ai pas l'intention, Messieurs, de discuter en quoi que ce soit

les avantages et les inconvénients des différents systèmes économiques qui régissent ou qui pourront régir le commerce de la France ;
cette discussion n'entre pas du tout dans le but que je me suis
proposé.

Il peut importer cependant aux intérêts généraux que notre Chambre de Commerce a pour mission de sauvegarder, de rechercher les
principales causes de la différence assez considérable qui existe particulièrement entre les prix des tissus de coton en Angleterre et ceux
des mêmes articles en France.

Il peut être important aussi de s'enquérir si ces différences doivent
être imputées seulement à nos manufactures elles-mêmes , ou si elles
ne sont pas plutôt la conséquence des conditions économiques dans
lesquelles ces manufactures se trouvent placées.

Cette question ne manque pas de gravité ; elle se rattache trop di-
rectement à l'avenir de nos grandes industries , pour que je ne croie
pas devoir, en terminant ce compte-rendu , rappeler ici les principales raisons qui peuvent expliquer la différence regrettable qui existe
encore, il est vrai , entre le cours des tissus de coton de Manchester
et de Glasgow, et ceux de Rouen , de l'Alsace et de Saint-Quentin.

En commençant ce rapport, Messieurs, j'avais déjà été appelé à
vous faire connaître , en remontant à l'origine, en suivant la marche
et les progrès de cette industrie, que le coton, qui a produit de si
grandes merveilles chez nos rivaux, qui a éveillé dans leur pays le
génie de la mécanique, n'avait pas cessé un instant d'être l'objet
constant de la sollicitude de leur gouvernement et de leurs manufacturiers.

J'ai eu l'honneur de vous dire que les Anglais nous avaient pré-
cédés d'un siècle et plus dans la fabrication du coton, et qu'ils avaient
marché si vite , que nos industriels n'avaient pu ensuite les atteindre

dans la course rapide de leurs merveilleux progrès. — Vous savez aussi, Messieurs, qu'ils en manutentionnent cinq fois plus que nous et qu'ils ont à Liverpool un marché immense où ils ont le choix des qualités et où ils achètent cette matière première à meilleur compte que nous, puisqu'il y a parfois de 6 à 10 % de différence entre les cours du Havre et ceux de Liverpool. Cela se conçoit d'ailleurs parfaitement, les Américains ayant un plus vaste débouché de leurs produits en Angleterre qu'en France, ils les y envoient de préférence.

Il est certain encore que les cotons en laine reviennent à leurs manufacturiers à un prix moindre qu'aux nôtres, puisqu'il en coûte plus pour les transporter au Havre qu'à Liverpool, et qu'il en coûte plus encore pour amener ces mêmes marchandises du Hâvre à Lille, à Mulhausen et à Saint-Quentin, que pour les faire arriver de Liverpool à Manchester. La différence du port mérite même de vous être signalée ; les industriels de Manchester font venir chez eux de Liverpool leurs cotons en laine pour 6 ou 7 fr. la tonne, quand ceux de Lille payent 35 ou 40 fr. et ceux de Mulhouse 75 à 80 fr. pour recevoir les leurs du Hâvre.

Tout le monde sait qu'en Angleterre, dans une filature avec métiers renvideurs, la broche peut aujourd'hui revenir de 25 à 28 fr. Ce fait nous a été confirmé par nos honorables collègues Anglais, membres du Jury, MM. T. Bazley et Walter Crum. En France, la même filature coûterait le double de prix, et la broche n'y revient pas à moins de 47 à 50 fr.

Le métier renvideur, dont la broche elle-même coûte 6 fr. 25 c. en Angleterre, ne s'obtient pas à moins de 11 ou 12 fr. en France.

Si les frais de premier établissement y sont doubles de ce qu'ils sont en Angleterre, l'intérêt et l'amortissement des capitaux immobilisés, les assurances, les frais généraux grèvent naturellement la fabrication

Française d'une somme deux fois plus considérable. Ensuite, pour faire fonctionner les métiers, la force motrice devient indispensable ; là encore, Messieurs, nous allons trouver une différence énorme entre les deux nations, puisque la houille coûtent, suivant les uns, trois fois, et, suivant les autres, quatre ou cinq fois plus en France que dans le Royaume-Uni de la Grande-Bretagne. Ce n'est pas tout encore, Messieurs ; en reconnaissant que le droit dont le coton brut est grevé à son introduction en France est une ressource ordinaire de notre budget des recettes, il n'en est pas moins vrai que ce droit se monte à 24 centimes par kilogramme, avec le double décime, ce qui, en raison du déchet évalué au 10e, porte à 26 centimes par kilogramme la charge qui pèse sur cette matière quand elle est consommée en France.

Les 16 ou 17 millions de cet impôt arrivent utilement sans doute dans les caisses du trésor public, aussi je n'en demande pas la suppression, mais il est du sujet que je traite de faire observer que cette somme charge naturellement d'autant le prix de nos tissus de coton.

L'Angleterre a aussi des exportations bien autrement importantes que celles de la France ; elle a de plus, ce que nous n'avons pas, des capitaux considérables ordinairement à très-bon marché ; les ressources de l'Inde et de ses nombreuses colonies ; des relations depuis longtemps établies ; des agents commerciaux partout ; des échanges organisés et 14 à 18 millions de tonneaux de navigation.

Elle a donc ainsi, Messieurs, des avantages naturels qui facilitent son immense production. Elle en possède encore d'autres qui tiennent à la nature même de ses ouvriers fileurs, tisseurs et mécaniciens dont l'intelligence est spécialement et instinctivement dirigée vers les arts mécaniques.

Un Anglais, grand manufacturier, membre du jury, me disait que

les artisans de sa nation avaient dès leurs premières années une apti-
» tude particulière pour l'industrie ; que les connaissances familières
» qu'ils acquéraient de l'art, des principes généraux et des détails
» de la spécialité dont ils s'occupaient, les mettaient à même de
» perfectionner, sans cesse, les procédés qu'ils employaient.

Les établissements industriels de l'Angleterre ont cela de particulier
et d'utile que la division du travail y est parfaitement entendue ; que
les ouvriers pliés, dès qu'ils y entrent, aux habitudes de l'atelier,
atteignent dans l'accomplissement de leurs tâches respectives, cette
habileté qui ne peut s'acquérir que par une longue et incessante application. — L'ouvrier fait aujourd'hui en Angleterre ce qu'il y faisait
hier, il y a cinq ans, ce qu'il fera demain, et par conséquent il le
fera toujours très-bien et plus économiquement qu'ailleurs.

Cette nation, par la souveraineté qu'elle exerce sur les mers, par
la puissance de ses machines qu'elle améliore sans cesse, par l'ac-
cumulation de ses capitaux, s'adresse surtout aux grandes quantités,
aux masses qui consomment. Le caractère de son industrie est une
spécialité à fabriquer beaucoup certains produits importants, avec une
supériorité qui ne puisse pas être égalée. — Elle fabrique donc beaucoup une même marchandise pour la produire à bon marché, et sa
grande et naturelle suprématie manufacturière, elle la doit surtout
à l'immensité de son marché, à ses millions de consommateurs
étrangers.

Je viens, Messieurs, d'essayer de vous présenter les principales
raisons pour lesquelles nos tissus de coton qui étaient généralement
si bien fabriqués, si fins et de si bon goût à l'Exposition universelle, y
étaient cotés plus cher que ceux de l'Angleterre.

Ainsi, il est incontestable que si la France avait l'avantage pour les qualités fines et belles, l'Angleterre l'avait pour le bon marché, pour les qualités communes et ordinaires ; mais il est juste aussi de dire que si les tissus de coton coûtent à Manchester et à Glasgow 25, 30 et quelquefois même 35 p. 0/0 meilleur marché qu'à Saint-Quentin ou à Mulhouse, les consommateurs français les paient à peu près le même prix à Paris qu'à Londres. — Cela tient, Messieurs, à ce qu'en Angleterre les marchandises passent par de nombreux intermédiaires onéreux qui augmentent beaucoup ce prix avant que la marchandise n'arrive aux consommateurs.

L'honorable M. Mimerel, dans son rapport sur l'industrie du coton à l'Exposition de Londres, cite le fait que voici ; il remonte à 1851 :
« Chez un détaillant de la cité, en face de la Bourse, dit-il, j'achetai
« du Calicot ; il contenait au quart de pouce 24 fils en chaîne et 25 en
« trame ; cette étoffe me coûta 8 pences le yard, ce qui remet le prix
« du mètre à 92 centimes.

« Peu de temps après, j'achetai à Paris dans un magasin de blanc,
« rue de la Ferme-des-Mathurins, un mètre de même étoffe, je le payai
« 90 centimes. L'étoffe était de 5 centimètres plus étroite que le Cali-
« cot Anglais, 86 centimètres au lieu de 91 ; mais au lieu de 25 fils en
« trame, elle en avait 28 ; la chaîne restant de même compte, c'était,
« en définitive, la parité de valeur.

« Une chemise faite avec l'étoffe de Londres coûtait dans cette ville
« et dans le même magasin 3 schellings 6 pences, soit.   .   4 fr. 35

« En France et rue de la Ferme, c'était 3 mètres 90 cen-
« timètres .   .   .   .   2 fr. 70 }
                                                       } 3 fr. 95
« Façon .   .   .   .   1 fr. 25 }

« Je portai mon investigation sur les tissus imprimés ; je vis égalité
« de prix.

Puis, l'honorable M. Mimerel ajoute :

« De ces faits, d'autres encore, j'ai été amené à conclure que le
« consommateur payait, en France, le tissu de coton au même prix,
« sinon meilleur marché qu'en Angleterre : cependant il était tou-
« jours vrai que la fabrication était à bien meilleur prix dans ce
« dernier pays.

Ce n'est pas toutefois une raison, parce que nous avons la facilité de
faire parvenir plus économiquement nos produits à ceux qui les consomment, et que la confection de nos vêtemens nous coûte moins
cher en France qu'en Angleterre, pour que nous ne cherchions pas à
imiter nos rivaux dans ce qu'ils font de bien.

Nous ne devons rien négliger pour avoir notre part, et conquérir un
jour une place sur les bazars de l'étranger.

L'Exposition Universelle de 1855 ne peut être un fait stérile. Pour
qu'elle porte ses fruits, il faut s'occuper d'en généraliser et d'en réaliser les bienfaits. Si nos manufactures de coton ne sont pas appelées à
fonctionner dans des conditions aussi favorables que celles de l'Angleterre, elles peuvent au moins, par l'emploi des nouvelles machines à filer, par l'usage plus répandu des métiers mécaniques ap-
pliqués à presque tous les genres de tissage, par de grandes et économiques perfections dans les manutentions et par une organisation
désirable dans la longueur uniforme des pièces, comme cela se fait
en Angleterre et en Suisse, apporter d'utiles et profitables améliorations à la fabrication du coton en France et diminuer l'écart trop considérable qui existe encore entre les prix de ses tissus et ceux de l'Angleterre.

Il appartient maintenant aux contrées manufacturières dont les produits occupaient une belle et glorieuse place dans les fastes du travail
et dans la liste des récompenses obtenues à l'Exposition Universelle, de

remplir un devoir, ce devoir c'est d'étudier le perfectionnement apporté
par les machines, par les procédés nouveaux, par la manière de créer,
de façonner ou d'améliorer les objets. Le moment de se mettre à
l'œuvre est arrivé.

J'ai pensé, Messieurs, que le moyen le plus certain de pouvoir se
rendre un compte exact de la différence qui existait entre les qualités,
les apprêts et les prix des produits Anglais, Américains ou Suisses et
ceux de la France, était d'avoir sous les yeux des échantillons de
tissus, coupés aux mêmes pièces qui avaient figuré à l'exposition. —
A cet effet, j'ai fait prélever sur ces pièces des morceaux d'échantillons
assez grands, sur lesquels sont marqués leurs largeurs et leurs prix.
Ces prix authentiques, copiés sur les tarifs du 1er mai 1855, ont été indi-
qués et certifiés par MM. les commissaires ou représentants des nations
exposantes. Ces échantillons permettront à Messieurs les industriels
qui voudront les consulter d'examiner attentivement, d'étudier les prix
et les qualités des produits de leurs concurrents dans la manutention
du coton. Ce sera pour eux le point de départ du présent et le thermo-
mètre de l'avenir de nos industries productives; car ils sauront, en com-
parant ces échantillons, quels sont les progrès qu'ils doivent obtenir,
les améliorations qu'ils ont encore à rechercher pour pouvoir présenter avec succès leurs marchandises sur les marchés étrangers.

J'ai fini, Messieurs, mais je ne vous ai pas entretenus de tous les produits qui avaient été envoyés par les habitants du département de
l'Aisne et même par ceux de l'arrondissement de St-Quentin à l'Exposition universelle.

Je ne vous ai parlé ni des beaux Schalls, ni des gracieuses Etoffes
de soie et de laine qui figuraient d'une manière si remarquable dans
les vitrines des fabricants de Paris qui ont leurs manufactures dans
les cantons de Bohain et de Ribemont. Je n'ai pu rien vous dire non

plus des Glaces si magnifiques et si admirables de l'immense et honorable établissement de Saint-Gobain et de Chauny.

Les rapports de mes collègues des autres classes du jury international signaleront probablement l'état d'avancement et les progrès de
nos Fabriques de Sucre, d'Alcools, de Produits chimiques, de machines, de bouteilles, d'objets en osier et la production si belle et si
variée de notre Agriculture.

Ma mission à l'Exposition Universelle était circonscrite dans l'appréciation du coton, de ses filés et de ses tissus ; je l'ai regretté,
car j'eus désiré, si j'avais eu les connaissances nécessaires, après
m'être occupé des intérets des manufactures qui mettent en œuvre les
produits de la terre et avoir dit quelques mots du commerce qui les
échange et les transporte, j'eus voulu, dis-je, pouvoir vous entretenir
d'une manière convenable de l'Agriculture qui fournit à l'homme la
nourriture et le vêtement.

Les splendeurs de l'Exposition sont terminées. Bientôt, Messieurs,
il ne restera plus de ces fêtes de l'industrie et du travail que des souvenirs, mais des souvenirs durables et utiles.

Pour le gouvernement, pour les industriels, cette exposition n'aura
pas été seulement un magnifique concours auquel auront pris part
toutes les manufactures du monde, ce concours universel aura eu cela
de particulier qu'il se termine en laissant après lui d'immenses maté-
riaux qui, réunis avec soin, pourront permettre de constater sincère-
ment les besoins et l'état actuel de toutes nos industries nationales.

Les rapports du jury constitueront sans doute une partie de l'histoire de l'Exposition ; mais, pour rendre plus saisissable encore l'enseignement qui devra en résulter, peut-être jugera-t-on convenable de
faire étudier sérieusement la réalité et la valeur des progrès qui y ont
été obtenus, pour établir une sorte de comparaison entre ceux qui

se sont manifestés dans notre exhibition et ceux révélés dans le palais de cristal de Londres ?

Dans la pensée que ce monument utile de l'étude des produits exposés pourrait un jour être édifié, j'ai tenu tout d'abord à y apporter mes souvenirs de membre du jury et ensuite mon humble et modeste pierre de commerçant Français.

J'ai tenu surtout, mes chers et excellents Collègues, à vous faire connaître, aussi exactement que possible, à faire connaître à mon pays, à tous ses industriels et commerçants, quelle était la position présente des tissus de coton légers, français et étrangers, à cette brillante Exposition de Paris qui renfermait tout ce que l'humanité avait pu produire de plus parfait et de plus utile pour les besoins de la société.

A l'appui des faits et des comparaisons que j'ai été appelé à indiquer dans ce rapport, je dépose au secrétariat de la Chambre de commerce la collection d'échantillons de tissus qui y ont été plus particulièrement mentionnés. — Cette collection, si vous le décidez, Messieurs, conformément à la proposition que j'ai l'honneur de vous faire, sera mise à la disposition de Messieurs les industriels de notre ressort manufacturier qui demanderaient à les examiner, et elle restera dans votre musée d'échantillons comme un judicieux moyen de comparaison.

Pour moi, mes chers Collègues, en terminant ce compte rendu de la situation générale des tissus de coton à l'Exposition Universelle qui vient de finir, permettez-moi de vous répéter qu'en l'écrivant, je n'ai eu qu'une pensée et qu'un désir, c'est de chercher à faire consciencieusement servir une fois de plus aux intérêts de l'Industrie et du Commerce du district de Saint-Quentin, les fonctions de membre titulaire du jury international de la 19e classe à laquelle la Commission Impériale avait bien voulu me faire l'honneur de m'appeler.

Après avoir entendu ce Rapport, dans sa séance du 31 décembre 1855, la Chambre de Commerce de Saint-Quentin exprime à son Président, Monsieur Charles Picard, toute la satisfaction qu'elle en a éprouvée.

Elle lui témoigne ses vifs remerciements de cet important travail, dont elle ordonne immédiatement l'impression.

Elle décide, en outre, que la collection d'échantillons des produits étrangers avec l'indication de leurs prix, déposés par son Président, membre du Jury international à l'Exposition universelle, sera mise à la disposition de Messieurs les industriels de son district manufacturier qui voudront les consulter.

SAINT-QUENTIN. — Typ. d'AD. MOUREAU, Grand'Place, 7.

9 782019 226244